は　じ　め　に

　技能検定は、労働者の有する技能を一定の基準によって検定し、これを公証する国家検定制度であり、技能に対する社会一般の評価を高め、働く人々の技能と地位の向上を図ることを目的として、職業能力開発促進法に基づいて 1959 年（昭和 34 年）から実施されています。

　当研究会では、1975 年（昭和 50 年）から技能検定試験受検者の学習に資するため、過去に出題された学科試験問題（1・2 級）に解説を付して、「学科試験問題解説集」を発行しております。

　このたびさらに、平成 29・30・31 年度に出題された学科試験問題、ならびに平成 31 年度の実技試験問題（計画立案等作業試験は平成 29・30・31 年度を収録）を「技能検定試験問題集（正解表付き）」として発行することになりました。

　本問題集が 1 級・2 級の技能士を目指して技能検定試験を受検される多くの方々にご利用いただき、大きな成果が上がることを祈念いたします。

令和 2 年 6 月

一般社団法人 雇用問題研究会

目　　次

技 能 検 定 の 概 要

1 技能検定試験の等級区分

技能検定試験は合格に必要な技能の程度を等級ごとに次のとおりに区分しています。

特　　級：検定職種ごとの管理者又は監督者が通常有すべき技能及びこれに関する知識の程度

1　　級：検定職種ごとの上級の技能労働者が通常有すべき技能及びこれに関する知識の程度

2　　級：検定職種ごとの中級の技能労働者が通常有すべき技能及びこれに関する知識の程度

3　　級：検定職種ごとの初級の技能労働者が通常有すべき技能及びこれに関する知識の程度

単一等級：検定職種ごとの上級の技能労働者が通常有すべき技能及びこれに関する知識の程度

※これらの他に外国人実習生等を対象とした基礎級があります。

2 検定試験の基準

技能検定は、実技試験及び学科試験によって行われています。

実技試験は、実際に作業などを行わせて、その技量の程度を検定する試験であり、学科試験は、技能の裏付けとなる知識について行う試験です。

実技試験及び学科試験は、検定職種の等級ごとに、それぞれの試験科目及びその範囲が職業能力開発促進法施行規則により、また、その具体的な細目が厚生労働省職業能力開発局長通達により定められています。

(1) 実技試験

実技試験は、実際に作業（物の製作、組立て、調整など）を行わせて試験する、製作等作業試験が中心となっており、検定職種の大部分のものについては、その課題が試験日に先立って公表されています。

試験時間は、1級、2級及び単一等級については原則として5時間以内、3級については3時間以内が標準となっています。

また、検定職種によっては、製作等作業試験の他、実際的な能力を試験するため、次のような判断等試験又は計画立案等作業試験が併用されることがあります。

① 判断等試験

　判断等試験は、製作等作業試験のみでは技能評価が困難な場合又は検定職種の性格や試験実施技術等の事情により製作等作業試験の実施が困難な場合に用いられるもので、例えば技能者として体得していなければならない基本的な技能について、原材料、模型、写真などを受検者に提示し、判別、判断などを行わせ、その技能を評価する試験です。

② 計画立案等作業試験

　製作等作業試験、判断等試験の一方又は双方でも技能評価が不足する場合に用いられるもので、現場における実際的、応用的な課題を、表、グラフ、文章などにより設問したものを受検者に提示し、計算、計画立案、予測などを行わせることにより技能の程度を評価する試験です。

(2) 学科試験

　学科試験は、単に学問的な知識を試験するものではなく、作業の遂行に必要な正しい判断力及び知識の有無を判定することに主眼がおかれています。また、それぞれの等級における試験の概要は次表のとおりです。

　この中で、真偽法は一つの問題文の正誤を回答する形式であり、五肢択一法及び四肢択一法は一つの問題文について複数の選択肢の中から一つを選択して回答する形式です。

■学科試験の概要

等級区分	試験の形式	問題数	試験時間
特　　級	五肢択一法	50題	2時間
1　　級	真偽法及び四肢択一法	50題	1時間40分
2　　級	真偽法及び四肢択一法	50題	1時間40分
3　　級	真偽法	30題	1時間
単一等級	真偽法及び四肢択一法	50題	1時間40分

3　技能検定の受検資格

　技能検定を受検するには、原則として検定職種に関する実務の経験が必要で、その年数は職業訓練歴、学歴等により異なっています（別表1参照）。

　この実務の経験の範囲には、現場での作業のみならず管理、監督、訓練、教育及び研究の業務や訓練又は教育を受けた期間が含まれます。

4　試験の実施日程

技能検定試験は職種ごとに前期、後期に分かれていますが、日程の概要は次のとおりです。

項	前　期	後　期
受付期間	4月上旬〜中旬	10月上旬〜中旬
実技試験	6月上旬〜9月上旬	12月上旬〜翌年2月中旬
学科試験	8月下旬〜9月上旬の日曜日 3級は7月中旬〜下旬の日曜日	翌年1月下旬〜2月上旬の日曜日
合格発表	10月上旬、3級は8月下旬	翌年3月中旬

※日程の詳細については都道府県職業能力開発協会（連絡先等は別表2参照）にお問い合わせ下さい。

5　技能検定の実施体制

技能検定は厚生労働大臣が定めた、実施計画に基づいて行うものですが、その実施業務は、厚生労働大臣、都道府県知事、中央職業能力開発協会、都道府県職業能力開発協会等の間で分担されており、受検の受付及び試験の実施については、都道府県職業能力開発協会が行っています。

6　技能検定試験受検手数料

技能検定試験の受検手数料は「実技試験：18,200円」及び「学科試験：3,100円」を標準額として、職種ごとに各都道府県で決定しています（令和2年4月1日現在、都道府県知事が実施する111職種）。

なお、35歳未満の方は、2級又は3級の実技試験の受検手数料が最大9,000円減額されます。詳しくは都道府県職業能力開発協会にお問い合わせ下さい。

7　技能検定の合格者

技能検定の合格者には、厚生労働大臣名（特級、1級、単一等級）又は都道府県知事名等（2級、3級）の合格証明が交付され、技能士と称することができます。

別表1

技能検定の受検に必要な実務経験年数一覧
（都道府県知事が実施する検定職種）

（単位：年）

受検対象者（※1）	特級	1級			2級		3級（※7）	基礎級（※7）	単一等級
	1級合格後		2級合格後	3級合格後		3級合格後			
実務経験のみ		7			2		0 ※8	0 ※8	3
専門高校卒業 ※2 専修学校（大学入学資格付与課程に限る）卒業		6			0		0	0	1
短大・高専・高校専攻科卒業 ※2 専門職大学前期課程修了 専修学校（大学編入資格付与課程に限る）卒業		5			0		0	0	0
大学卒業（専門職大学前期課程修了者を除く） ※2 専修学校（大学院入学資格付与課程に限る）卒業		4			0		0	0	0
専修学校又は各種学校卒業（厚生労働大臣が指定したものに限る。） 800時間以上	5	6	2	4	0	0	0 ※9	0 ※9	1
専修学校又は各種学校卒業（厚生労働大臣が指定したものに限る。） 1600時間以上		5			0		0 ※9	0 ※9	1
専修学校又は各種学校卒業（厚生労働大臣が指定したものに限る。） 3200時間以上		4			0		0 ※9	0 ※9	0
短期課程の普通職業訓練修了 ※4 ※10 700時間以上		6			0		0 ※6	0 ※6	1
普通課程の普通職業訓練修了 ※4 ※10 2800時間未満		5			0		0	0	1
普通課程の普通職業訓練修了 ※4 ※10 2800時間以上		4			0		0	0	0
専門課程又は特定専門課程の高度職業訓練修了 ※4 ※10	3	1			2				
応用課程又は特定応用課程の高度職業訓練修了 ※10		1							
長期課程又は短期養成課程の指導員訓練修了 ※10		1 ※5			0 ※5				
職業訓練指導員免許取得		1			—		—		
長期養成課程の指導員訓練修了 ※10		0			0		0	0	0

※ 1：検定職種に関する学科、訓練科又は免許職種に限る。

※ 2：学校教育法による大学、短期大学又は高等学校と同等以上と認められる外国の学校又は他法令学校を卒業した者並びに独立行政法人大学改革支援・学位授与機構により学士の学位を授与された者は学校教育法に基づくそれぞれのものに準ずる。

※ 3：大学入学資格付与課程、大学編入資格付与課程及び大学院入学資格付与課程の専修学校を除く。

※ 4：職業訓練法の一部を改正する法律（昭和53年法律第40号）の施行前に、改正前の職業訓練法に基づく高等訓練課程又は特別高等訓練課程の養成訓練を修了した者は、それぞれ改正後の職業能力開発促進法に基づく普通課程の普通職業訓練又は専門課程の高度職業訓練を修了したものとみなす。また、職業能力開発促進法の一部を改正する法律（平成4年法律第67号）の施行前に、改正前の職業能力開発促進法に基づく専門課程の養成訓練を修了した者は、専門課程の高度職業訓練を修了したものとみなし、改正前の職業能力開発促進法に基づく普通課程の養成訓練又は職業転換課程の能力再開発訓練（いずれも800時間以上のものに限る。）を修了した者はそれぞれ改正後の職業能力開発促進法に基づく普通課程又は短期課程の普通職業訓練を修了したものとみなす。

※ 5：短期養成課程の指導員訓練のうち、実務経験者訓練技法習得コースの修了者については、訓練修了後に行われる能力審査（職業訓練指導員試験に合格した者と同等以上の能力を有すると職業能力開発総合大学校の長が認める審査）に合格しているものに限る。

※ 6：総訓練時間が700時間未満のものを含む。

※ 7：3級及び基礎級の技能検定については、上記のほか、検定職種に関する学科に在学する者及び検定職種に関する訓練科において職業訓練を受けている者も受検できる。また、3級の技能検定については工業高等学校に在学する者等であって、工業高等学校の教員や検定職種に係る講習を受講し、当該講習の責任者から技能検定試験受検に際して安全衛生上の問題等がないと判定されたものも受検できる。

※ 8：検定職種に関し実務の経験を有する者について、受検資格を認めることとする。

※ 9：当該学校が厚生労働大臣の指定を受けたものであるか否かに関わらず、受検資格を付与する。

※ 10：職業能力開発促進法第92条に規定する職業訓練又は指導員訓練に準ずる訓練の修了者においても、修了した職業訓練又は指導員訓練の訓練課程に応じ、受検資格を付与する。

別表2　　都道府県及び中央職業能力開発協会所在地一覧

（令和2年4月現在）

協　会　名	郵便番号	所　在　地	電話番号
北海道職業能力開発協会	003-0005	札幌市白石区東札幌5条1-1-2　北海道立職業能力開発支援センター内	011-825-2386
青森県職業能力開発協会	030-0122	青森市大字野尻字今田43-1　青森県立青森高等技術専門校内	017-738-5561
岩手県職業能力開発協会	028-3615	紫波郡矢巾町大字南矢幅10-3-1　岩手県立産業技術短期大学校内	019-613-4620
宮城県職業能力開発協会	981-0916	仙台市青葉区青葉町16-1	022-271-9917
秋田県職業能力開発協会	010-1601	秋田市向浜1-2-1　秋田県職業訓練センター内	018-862-3510
山形県職業能力開発協会	990-2473	山形市松栄2-2-1	023-644-8562
福島県職業能力開発協会	960-8043	福島市中町8-2　福島県自治会館5階	024-525-8681
茨城県職業能力開発協会	310-0005	水戸市水府町864-4　茨城県職業人材育成センター内	029-221-8647
栃木県職業能力開発協会	320-0032	宇都宮市昭和1-3-10　栃木県庁舎西別館	028-643-7002
群馬県職業能力開発協会	372-0801	伊勢崎市宮子町1211-1	0270-23-7761
埼玉県職業能力開発協会	330-0074	さいたま市浦和区北浦和5-6-5　埼玉県浦和合同庁舎5階	048-829-2802
千葉県職業能力開発協会	261-0026	千葉市美浜区幕張西4-1-10	043-296-1150
東京都職業能力開発協会	102-8113	千代田区飯田橋3-10-3　東京しごとセンター7階	03-5211-2353
神奈川県職業能力開発協会	231-0026	横浜市中区寿町1-4　かながわ労働プラザ6階	045-633-5419
新潟県職業能力開発協会	950-0965	新潟市中央区新光町15-2　新潟県公社総合ビル4階	025-283-2155
富山県職業能力開発協会	930-0094	富山市安住町7-18　安住町第一生命ビル2階	076-432-9887
石川県職業能力開発協会	920-0862	金沢市芳斉1-15-15　石川県職業能力開発プラザ3階	076-262-9020
福井県職業能力開発協会	910-0003	福井市松本3-16-10　福井県職員会館ビル4階	0776-27-6360
山梨県職業能力開発協会	400-0055	甲府市大津町2130-2	055-243-4916
長野県職業能力開発協会	380-0836	長野市大字南長野南県町688-2　長野県婦人会館3階	026-234-9050
岐阜県職業能力開発協会	509-0109	各務原市テクノプラザ1-18　岐阜県人材開発支援センター内	058-260-8686
静岡県職業能力開発協会	424-0881	静岡市清水区楠160	054-345-9377
愛知県職業能力開発協会	451-0035	名古屋市西区浅間2-3-14　愛知県職業訓練会館内	052-524-2034
三重県職業能力開発協会	514-0004	津市栄町1-954　三重県栄町庁舎4階	059-228-2732
滋賀県職業能力開発協会	520-0865	大津市南郷5-2-14	077-533-0850
京都府職業能力開発協会	612-8416	京都市伏見区竹田流池町121-3　京都府立京都高等技術専門校内	075-642-5075
大阪府職業能力開発協会	550-0011	大阪市西区阿波座2-1-1　大阪本町西第一ビルディング6階	06-6534-7510
兵庫県職業能力開発協会	650-0011	神戸市中央区下山手通6-3-30　兵庫勤労福祉センター1階	078-371-2091
奈良県職業能力開発協会	630-8213	奈良市登大路町38-1　奈良県中小企業会館2階	0742-24-4127
和歌山県職業能力開発協会	640-8272	和歌山市砂山南3-3-38　和歌山技能センター内	073-425-4555
鳥取県職業能力開発協会	680-0845	鳥取市富安2-159　久本ビル5階	0857-22-3494
島根県職業能力開発協会	690-0048	松江市西嫁島1-4-5　SPビル2階	0852-23-1755
岡山県職業能力開発協会	700-0824	岡山市北区内山下2-3-10　アマノビル3階	086-225-1547
広島県職業能力開発協会	730-0052	広島市中区千田町3-7-47　広島県情報プラザ5階	082-245-4020
山口県職業能力開発協会	753-0051	山口市旭通り2-9-19　山口建設ビル3階	083-922-8646
徳島県職業能力開発協会	770-8006	徳島市新浜町1-1-7	088-663-2316
香川県職業能力開発協会	761-8031	高松市郷東町587-1　地域職業訓練センター内	087-882-2854
愛媛県職業能力開発協会	791-1101	松山市久米窪田町487-2　愛媛県産業技術研究所　管理棟2階	089-993-7301
高知県職業能力開発協会	781-5101	高知市布師田3992-4	088-846-2300
福岡県職業能力開発協会	813-0044	福岡市東区千早5-3-1　福岡人材開発センター2階	092-671-1238
佐賀県職業能力開発協会	840-0814	佐賀市成章町1-15	0952-24-6408
長崎県職業能力開発協会	851-2127	西彼杵郡長与町高田郷547-21	095-894-9971
熊本県職業能力開発協会	861-2202	上益城郡益城町田原2081-10　電子応用機械技術研究所内	096-285-5818
大分県職業能力開発協会	870-1141	大分市大字下宗方字古川1035-1　大分職業訓練センター内	097-542-3651
宮崎県職業能力開発協会	889-2155	宮崎市学園木花台西2-4-3	0985-58-1570
鹿児島県職業能力開発協会	892-0836	鹿児島市錦江町9-14	099-226-3240
沖縄県職業能力開発協会	900-0036	那覇市西3-14-1	098-862-4278
中央職業能力開発協会	160-8327	新宿区西新宿7-5-25　西新宿プライムスクエア11階	03-6758-2859

造園

実技試験問題

平成31年度技能検定
2級造園（造園工事作業）
実技試験（製作等作業試験）問題

　　次の注意事項及び仕様に従って、指定された区画内に施工図(P3)に示す四つ目垣製作、縁石・飛石・敷石敷設、築山、整地及び植栽作業を行いなさい。*

1　試験時間

　　標準時間　　　2時間30分

　　打切り時間　　3時間

2　注意事項

(1)　支給された材料の品名、寸法、数量等が「4　支給材料」のとおりであることを確認すること。

(2)　支給された材料に異常がある場合は、申し出ること。

(3)　試験開始後は、原則として支給材料の再支給はしない。

(4)　使用工具等は、使用工具等一覧表で指定した以外のものは使用しないこと。

(5)　試験中は、工具等の貸し借りを禁止する。

(6)　作業時の服装等は、作業に適したものとする。ただし、熱中症のおそれがある場合は、技能検定委員の指示により、保護帽は、着用しなくても構わない。

(7)　標準時間を超えて作業を行った場合は、超過時間に応じて減点される。

(8)　作業が終了したら、技能検定委員に申し出ること。

(9)　試験中は、試験問題以外の用紙にメモしたものや参考書等を参照することは禁止とする。

(10)　試験中は、携帯電話(電卓機能の使用を含む。)等の使用は禁止とする。

(11)　工具、材料等の取扱い、作業方法について、そのまま継続すると怪我などを招くおそれがあり危険であると技能検定委員が判断した場合、試験中にその旨を注意することがある。

　　　　さらに、当該注意を受けてもなお危険な行為を続けた場合、技能検定委員全員の判断により試験を中止し、かつ失格とする。ただし、緊急性を伴うと判断された場合は、注意を挟まず即中止(失格)とすることがある。

＊本書では P.14

3　仕　様

(1)　四つ目垣

　　イ　丸太柱は、埋込み部分の防腐処理をしなくてよいが、天端は、切りそろえること。

　　ロ　胴縁は、元末を交互に使うが、末節止めとし、丸太柱にくぎ止めとすること。

　　ハ　立子は、末節止めとすること。

　　ニ　立子と胴縁との結束は、次によること。

　　　（イ）　1段目と3段目は、シュロ縄を2本使いで裏綾掛けいぼ結びとし、しりをいぼの上端から20mmで切りそろえること。

　　　（ロ）　2段目は、シュロ縄を2本使いで、左よりからみ結び（かいずる）とすること。

(2)　縁石、飛石及び敷石

　　イ　縁石及び飛石の敷設で寸法を指定していない箇所は、平面図のような感じになるようにすること。

　　ロ　敷石B、縁石(自然石)、縁石(石材又はコンクリート製)の仕上がり高は同一とすること。

　　ハ　縁石及び敷石は、平らに土ぎめ敷設すること。

　　ニ　掘り出した土(発生土)は、点線の範囲内の築山及び整地に使用すること。

(3)　築山

　　　発生土を使用して、点線の範囲内に見映え良く設けること。

(4)　植栽

　　イ　枝ぶりを生かし、平面図のような感じになるように植栽すること。

　　ロ　刈込みはしないこと。

　　ハ　植栽に当たっては、本来ならば水鉢を設けるところであるが、本試験においては、水鉢を設けないこと。

4　支給材料

品　名	寸　法　又　は　規　格	数量	備　考
丸太	末口6cm、長さ約1.6m	2　本	竹垣用
唐竹	15〜20本じめ(4節上り、回り7〜9cm)	4　本	胴縁及び立子用
シュロ縄	径3mm、長さ25m　（黒）	2　束	
くぎ	長さ45mm	7　本	予備含む
飛石	踏面35〜50cm程度、厚さ10cm前後	3　枚	
敷石	長さ60cm×幅30cm×厚さ6cm	2　枚	石材又はコンクリート製
縁石	径15〜20cm程度、厚さ8cm以上	10　個	自然石(予備含む)
	長さ60cm×幅10cm×厚さ10cm	1　本	石材又はコンクリート製
中木	H=1.5m	1　本	
低木	サツキツツジ等 H＝0.3m、W=0.3m	2　株	
下草	ヤブラン・オオバジャノヒゲ等	1　株	3芽立ち以上 コンテナ径10.5cm

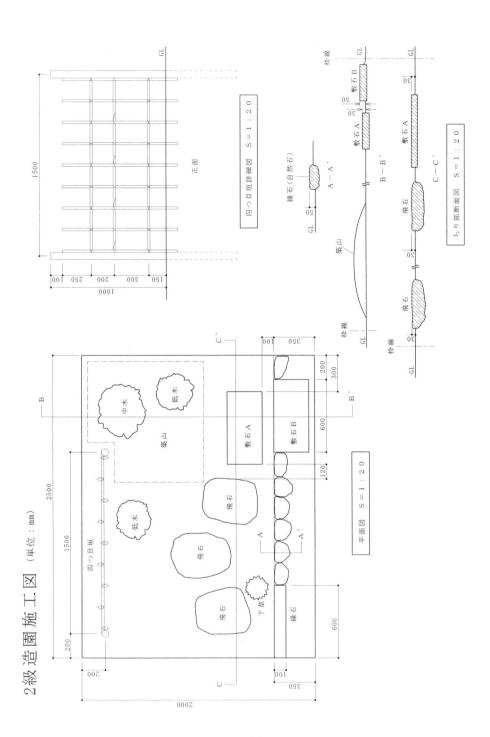

2級造園施工図 （単位：mm）

正面

四つ目垣詳細図　S＝1：20

縁石（自然石）

A－A'

築山

枠線　枠線

ちり部断面図　S＝1：20

敷石 B

B－B'

敷石 A　飛石　飛石

C－C'

平面図　S＝1：20

敷石 A
敷石 B
飛石
飛石
飛石
低木
中木
築山
下草
縁石
四つ目垣

2級造園実技試験（製作等作業試験）使用工具等一覧表

1 受検者が持参するもの

品　名	寸法又は規格	数量	備　考
巻尺		1	
のこぎり		1	
竹ひきのこ		1	
金づち		1	
くぎしめ		1	
木ばさみ		必要数	剪定ばさみも可
くぎ抜き		1	
きり	三つ目きり	必要数	充電式ドリルも可
木づち(このきり)		1	
こうがい板(かき板)	250〜300mm	1	地ならし用
れんがごて		必要数	地ごても可
くぎ袋		1	
手ぼうき		必要数	
箕(み)		1	
水糸		必要数	糸巻も可
水平器		1	
スコップ	剣スコ	必要数	両面スコップ、移植ごて、手ぐわも可
きめ棒(つき棒)		1	
遣方杭(位置出し棒)		必要数	ピンポール相当品
作業服等		一式	
保護帽		1	
作業用手袋		1	使用は任意とする。
鉛筆		必要数	
飲料		適宜	熱中症対策、水分補給用

(注)1. 使用工具等は、上記のものに限るが、同一種類のものを予備として持参することは差し支えない。

　　　ただし、試験場の状態により、上記以外に持参する工具を指示された場合には、その工具を持参すること。

　　2. 持参する工具に計測できるような加工はしないこと。

　　3. 「飲料」については、受検者が各自で熱中症対策、水分補給用として、持参すること。

2 試験場に準備されているもの

品　名	寸法又は規格	数量	備　考
バケツ(水)		適宜	シュロ縄用

実技試験(判断等試験)問題について

1 試験実施日

実施都道府県が別途指定する日に行う。

2 試験時間

7分30秒

3 問題の概要

提示された樹木の枝葉の部分を見て、その樹種名を判定する。

ただし、提示される樹木は、別表「樹種名一覧」の中から15種が選定される。

4 持参用具等

筆記用具一式

5 その他

(1) 試験中は、参考書やメモ(本試験問題への書込みも含む)等を参照することは禁止とする。

(2) 試験中は、携帯電話(電卓機能の使用を含む。)等の使用を禁止とする。

別表「樹種名一覧」

ア	1	アオキ	キ	30	キョウチクトウ	セ	59	センリョウ	ヒ	88	ヒヨクヒバ（イトヒバ）
	2	アカギ		31	キンモクセイ	ソ	60	ソメイヨシノ		89	ピラカンサ
	3	アカマツ	ク	32	クスノキ	タ	61	タイサンボク	フ	90	フクギ
	4	アコウ		33	クチナシ		62	タブノキ		91	ブラシノキ
	5	アジサイ		34	クヌギ	チ	63	チャボヒバ		92	プラタナス
	6	アセビ		35	クロガネモチ	テ	64	デイゴ		93	ブルーベリー
	7	アベリア		36	クロマツ	ト	65	トウカエデ	ヘ	94	ベニカナメモチ
	8	アラカシ	ケ	37	ゲッケイジュ		66	ドウダンツツジ	ホ	95	ボケ
イ	9	イチイ		38	ケヤキ		67	トキワマンサク		96	ポプラ
	10	イヌシデ	コ	39	コウヤマキ		68	トチノキ	マ	97	マサキ
	11	イヌツゲ		40	コデマリ		69	トベラ		98	マテバシイ
	12	イヌマキ		41	コナラ	ナ	70	ナツツバキ		99	マンサク
	13	イロハモミジ		42	コブシ		71	ナナカマド		100	マンリョウ
ウ	14	ウバメガシ	サ	43	サカキ		72	ナンテン	ム	101	ムクゲ
	15	ウメ		44	ザクロ	ニ	73	ニシキギ		102	ムクノキ
エ	16	エゴノキ		45	サザンカ		74	ニセアカシア	メ	103	メタセコイア
	17	エゾマツ		46	サツキツツジ	ネ	75	ネズミモチ	モ	104	モクマオウ
	18	エゾヤマザクラ		47	サルスベリ		76	ネムノキ		105	モチノキ
	19	エノキ		48	サワラ	ハ	77	ハギ		106	モッコク
	20	エンジュ		49	サンゴジュ		78	ハクモクレン		107	モモ
オ	21	オオデマリ	シ	50	シダレヤナギ		79	ハナカイドウ	ヤ	108	ヤブツバキ
カ	22	カイズカイブキ		51	シマトネリコ		80	ハナスホウ		109	ヤマブキ
	23	カクレミノ		52	シモツケ		81	ハナミズキ	ユ	110	ユキヤナギ
	24	ガジュマル		53	シャリンバイ	ヒ	82	ヒイラギ		111	ユズリハ
	25	カツラ		54	シラカシ		83	ヒイラギナンテン		112	ユリノキ
	26	カヤ		55	シラカンバ		84	ヒサカキ	ラ	113	ライラック
	27	カリン		56	ジンチョウゲ		85	ヒノキ	レ	114	レンギョウ類 ※
	28	カルミヤ	ス	57	スギ		86	ヒマラヤスギ	ロ	115	ロウバイ
	29	カンヒザクラ		58	スダジイ		87	ヒメシャラ			

※ No.114「レンギョウ類」は、レンギョウ、シナレンギョウ及びチョウセンレンギョウのいずれか一つ選定されます。

平成31年度技能検定
1級造園（造園工事作業）
実技試験（製作等作業試験）問題

　次の注意事項及び仕様に従って、指定された区画内に施工図(P4)に示す竹垣製作、蹲踞敷設、飛石・延段敷設及び景石配置と植栽・小透かし剪定を行いなさい。＊

1　試験時間
　　　標準時間　　　　3時間
　　　打切り時間　　　3時間30分

2　注意事項
　(1)　支給された材料の品名、寸法、数量等が「4　支給材料」のとおりであることを確認すること。
　(2)　支給された材料に異常がある場合は、申し出ること。
　(3)　試験開始後は、原則として支給材料の再支給はしない。
　(4)　使用工具等は、使用工具等一覧表で指定した以外のものは使用しないこと。
　(5)　試験中は、工具等の貸し借りを禁止する。
　(6)　作業時の服装等は、作業に適したものとする。ただし、熱中症のおそれがある場合は、技能検定委員の指示により、保護帽は、着用しなくても構わない。
　(7)　標準時間を超えて作業を行った場合は、超過時間に応じて減点される。
　(8)　作業が終了したら、技能検定委員に申し出ること。
　(9)　試験中は、試験問題以外の用紙にメモしたものや参考書等を参照することは禁止とする。
　(10)　試験中は、携帯電話(電卓機能の使用を含む。)等の使用は禁止とする。
　(11)　工具、材料等の取扱い、作業方法について、そのまま継続すると怪我などを招くおそれがあり危険であると技能検定委員が判断した場合、試験中にその旨を注意することがある。
　　　　さらに、当該注意を受けてもなお危険な行為を続けた場合、技能検定委員全員の判断により試験を中止し、かつ失格とする。ただし、緊急性を伴うと判断された場合は、注意を挟まず即中止(失格)とすることがある。

＊本書では P.21

3 仕 様

3.1 竹垣

(1) 竹垣製作は、丸太柱の埋め込み、胴縁、立子かきつけ、押し縁及び玉縁(笠木)の順に行うこと。
(2) 丸太柱は、埋め込み部分の防腐処理をしなくてよいが、天端は、切りそろえること。
(3) 胴縁は、丸竹で使用すること。
(4) 押し縁及び玉縁は、詳細図に示すように唐竹二つ割りとすること。
(5) 胴縁及び押し縁の柱つきは、節止めとし、元末を交互使いとし、胴縁は、丸太柱にくぎ止め、間柱にシュロ縄を2本使いで杭掛けとすること。
　なお、上段の胴縁は、元節止めとする。
(6) 玉縁については、元節止めとすること。
(7) 立子は、詳細図に示すように左からかきつけ、始まりの3枚は、末を上にすること。
(8) 立子と胴縁との結束は、シュロ縄を1本使いでかきつけること。
(9) 押し縁の結束は、図のような位置にシュロ縄を2本使いでねじれいぼ結びとし、しりをいぼの上端から40mmに切りそろえること。
(10) 玉縁の結束は、図のような位置にシュロ縄を3本使いで頭の出が玉縁の上端から70mmのとっくり結び・ねじれいぼとし、返しを入れ、玉縁の上端から下がり150mmに切りそろえること。

3.2 蹲踞、飛石、延段の敷設

(1) 蹲踞、飛石及び延段敷設で寸法を指定していない箇所は、平面図のような感じになるようにすること。
(2) 蹲踞の海は、前石を基準として深さを決め、砂で仕上げ、水門石4石(延段用ごろた石を利用)を置くこと。
(3) ふち石(つなぎ石)の天端はそろえること。
(4) 延段の目地は、土極めとすること。
(5) 筧は、施工図に示すように設置すること。
(6) 関守石は、図の位置に置くこと。
(7) 掘り出した土は、区画内の整地に使用すること。

3.3 景石及び植栽自由配置

　下記の景石、樹木及び下草を全て使用し、平面図の　…………　で囲われた空間に各自自由に作庭すること。
(1) 石は、安定した景に据えること。
(2) 植栽は、枝ぶりをいかした自然形とし、中木以外は剪定しないこと。
(3) 植栽に当たっては、本来ならば水鉢を設けるところであるが、本試験においては、水鉢を設けないこと。

3.4 小透かし剪定

　3.3の全ての植栽終了後、植栽した中木に対して、小透かし剪定をすること。ただし、樹木の特性をいかして自然樹形に剪定すること。

景石及び植栽自由配置使用材料

品　　名	寸　法　又　は　規　格	数量	備　　　　考
景　石	径25cm〜45cm　　(大中小)	3 個	
中　木	モチ、シラカシ、サザンカ等　H=1.5m以上	1 本	剪定する前のもの
低　木	サツキツツジ等　H=0.3m、W=0.3m	2 株	
下　草	ヤブラン・オオバジャノヒゲ等 タマリュウ等	14 株	3芽立ち コンテナ径10.5cm 5芽立ち コンテナ径7.5cm

3.5 発生土

　各作業の発生土は、敷地内で自由に使用すること。

4 支給材料

(1) 試験場で支給されるもの

品　名	寸　法　又　は　規　格	数量	備　　考
丸　太	末口 6cm、　長さ約1.5m	1 本	竹垣用
	末口 7.5cm、長さ約1.6m	1 本	
唐　竹	7本じめ(4節上り、回り18cm〜20cm)	1 本	押し縁・玉縁用
	15〜20本じめ(4節上り、回り7cm〜9cm)	1.5 本	胴縁用
山割り(割り竹)	長さ90cm	1.08m幅分	立子用
シュロ縄	径3mm　長さ25m(黒)	2 束	
く　ぎ	長さ45mm	4 本	
	長さ65mm	4 本	
水　鉢	径35〜45cm、高さ20〜25cm	1 個	水盤状のもの
台　石	径25〜30cm程度、厚さ20cm前後	1 個	
役　石	天端面25cm以上、高さ30cm	2 個	手燭、湯桶用
	踏面40cm〜45cm、厚さ10cm前後	1 個	前石用
飛　石	踏面30cm〜35cm程度、厚さ10cm前後	1 枚	
砂		若干	
ごろた石	径5cm〜25cm、厚さ5〜25cm前後	1m²分	延段用、水門石用及び蹲踞つなぎ石(ふち石)用(予備含む)
板　石	45cm×30cm、厚さ7cm以上	1 枚	
景　石	径25cm〜45cm　　(大中小)	3 個	
中　木	モチ、シラカシ、サザンカ等　H=1.5m以上	1 本	剪定する前のもの
低　木	サツキツツジ等 H=0.3m、W=0.3m	2 株	
下　草	ヤブラン・オオバジャノヒゲ等	5 株	3芽立ちコンテナ径10.5cm
	タマリュウ等	9 株	5芽立ちコンテナ径7.5cm

(2) 受検者が持参するもの

品　名	寸　法　又　は　規　格	数量	備　　考
筧	こまがしら、径7〜9cm、長さ18cm	1 組	製作して持参すること
関守石	玉石、径12〜15cm	1 個	製作して持参すること

Ａ３判を 45％に縮小してあります

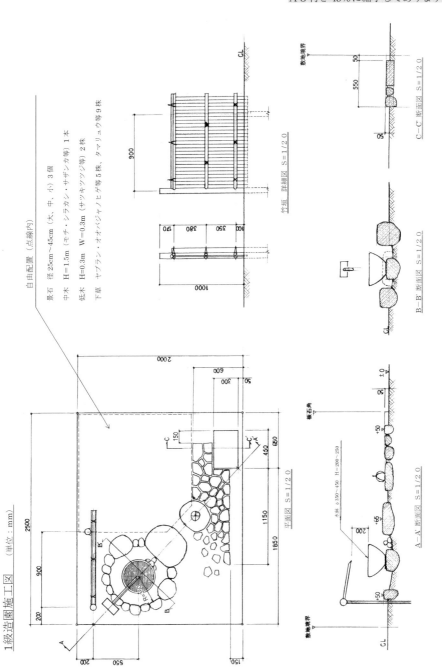

1級造園施工図
（単位：mm）

景石　径 25cm～45cm（大、中、小）３個

中木　H=1.5m（モチ・シラカシ・サザンカ等）１本

低木　H=0.3m　W=0.3m（サツキツツジ等）２株

下草　ヤブラン・オオバジャノヒゲ等５株、タマリュウ等９株

自由配置（点線内）

竹垣　詳細図　S=1/20

平面図　S=1/20

A-A′断面図　S=1/20

B-B 断面図　S=1/20

C-C′断面図　S=1/20

1級造園実技試験（製作等作業試験）使用工具等一覧表

1 受検者が持参するもの

品　名	寸法又は規格	数　量	備　考
巻尺		1	
のこぎり		1	
竹ひきのこ		1	
金づち		1	
くぎしめ		1	
木ばさみ		必要数	剪定ばさみも可
くぎ抜き		1	
ペンチ又はプライヤー		1	
きり	三つ目きり	必要数	充電式ドリルも可
木づち(このきり)		1	
竹割り(竹割りがま)		1	
くり針(曲がり針)		1	
こうがい板(かき板)	250～300mm	1	地ならし用
れんがごて		必要数	地ごても可
かなじめ		1	必要に応じて持参可
目地ごて		1	目地べらも可
くぎ袋		1	
手ぼうき		必要数	
箕(み)		1	
水糸		必要数	糸巻も可
水平器		1	
スコップ	剣スコ	必要数	両面スコップ、移植ごて、手ぐわも可
きめ棒(つき棒)		1	
遣方杭(位置出し棒)		必要数	ピンポール相当品
作業服等		一式	
保護帽		1	
作業用手袋		1	使用は任意とする。
鉛筆		必要数	
飲料		適宜	熱中症対策、水分補給用

(注)1. 使用工具等は、上記のものに限るが、同一種類のものを予備として持参することは差し支えない。
　　　ただし、試験場の状態により、上記以外に持参する工具を指示された場合には、その工具を持参すること。
　　2. 持参する工具に計測できるような加工はしないこと。
　　3. 「飲料」については、受検者が各自で熱中症対策、水分補給用として、持参すること。

2 試験場に準備されているもの

品　名	寸法又は規格	数　量	備　考
バケツ(水)		適宜	シュロ縄用

実技試験（判断等試験）問題について

1 試験実施日

実施都道府県が別途指定する日に行う。

2 試験時間

10分

3 問題の概要

提示された20種類の樹木の枝葉の部分を見て、その樹種名を判定する。

ただし、提示される樹木は、下表の第1表の中から5種、第2表の中から15種が選定される。

4 持参用具等

筆記用具一式

5 その他

(1) 試験中は、参考書やメモ(本試験問題への書込みも含む)等を参照することは禁止とする。

(2) 試験中は、携帯電話(電卓機能の使用を含む。)等の使用を禁止とする。

第1表 「樹種名一覧」

ア	1	アオダモ (コバノトネリコ)	ク	13	グミ類 ※	ナ	25	ナツハゼ	ミ	37	ミツマタ
	2	アキニレ	サ	14	サンシュユ		26	ナンキンハゼ	ム	38	ムクロジ
イ	3	イスノキ	シ	15	シナノキ	ニ	27	ニオイヒバ		39	ムベ
	4	イタヤカエデ		16	シャシャンボ	ハ	28	ハクウンボク	モ	40	モンパノキ
ウ	5	ウメモドキ		17	シロヤマブキ		29	ハマナス	ヤ	41	ヤブニッケイ
オ	6	オオシラビソ	ソ	18	ソヨゴ		30	ハルニレ		42	ヤマボウシ
	7	オオハマボウ	タ	19	タラヨウ	ヒ	31	ヒイラギモクセイ	ラ	43	ラクウショウ
	8	オガタマノキ	ツ	20	ツガ	フ	32	フウ		44	ランタナ
	9	オキナワキョウチクトウ	テ	21	テリハボク		33	ブナ	リ	45	リュウキュウマツ
キ	10	ギョリュウ	ト	22	ドイツトウヒ		34	プルメリア		46	リョウブ
	11	キンシバイ		23	トドマツ	ホ	35	ホルトノキ			
	12	ギンドロ	ナ	24	ナギ	ミ	36	ミツバツツジ			

※ No.13「グミ類」は、ナツグミ、アキグミ及びナワシログミのいずれか一つ選定されます。

第2表「樹種名一覧」

ア	1	アオキ	キ	30	キョウチクトウ	セ	59	センリョウ	ヒ	88	ヒヨクヒバ (イトヒバ)
	2	アカギ		31	キンモクセイ	ソ	60	ソメイヨシノ		89	ピラカンサ
	3	アカマツ	ク	32	クスノキ	タ	61	タイサンボク	フ	90	フクギ
	4	アコウ		33	クチナシ		62	タブノキ		91	ブラシノキ
	5	アジサイ		34	クヌギ	チ	63	チャボヒバ		92	プラタナス
	6	アセビ		35	クロガネモチ	テ	64	デイゴ		93	ブルーベリー
	7	アベリア		36	クロマツ	ト	65	トウカエデ	ヘ	94	ベニカナメモチ
	8	アラカシ	ケ	37	ゲッケイジュ		66	ドウダンツツジ	ホ	95	ボケ
イ	9	イチイ		38	ケヤキ		67	トキワマンサク		96	ポプラ
	10	イヌシデ	コ	39	コウヤマキ		68	トチノキ	マ	97	マサキ
	11	イヌツゲ		40	コデマリ		69	トベラ		98	マテバシイ
	12	イヌマキ		41	コナラ	ナ	70	ナツツバキ		99	マンサク
	13	イロハモミジ		42	コブシ		71	ナナカマド		100	マンリョウ
ウ	14	ウバメガシ	サ	43	サカキ		72	ナンテン	ム	101	ムクゲ
	15	ウメ		44	ザクロ	ニ	73	ニシキギ		102	ムクノキ
エ	16	エゴノキ		45	サザンカ		74	ニセアカシア	メ	103	メタセコイア
	17	エゾマツ		46	サツキツツジ	ネ	75	ネズミモチ	モ	104	モクマオウ
	18	エゾヤマザクラ		47	サルスベリ		76	ネムノキ		105	モチノキ
	19	エノキ		48	サワラ	ハ	77	ハギ		106	モッコク
	20	エンジュ		49	サンゴジュ		78	ハクモクレン		107	モモ
オ	21	オオデマリ	シ	50	シダレヤナギ		79	ハナカイドウ	ヤ	108	ヤブツバキ
カ	22	カイズカイブキ		51	シマトネリコ		80	ハナスホウ		109	ヤマブキ
	23	カクレミノ		52	シモツケ		81	ハナミズキ	ユ	110	ユキヤナギ
	24	ガジュマル		53	シャリンバイ	ヒ	82	ヒイラギ		111	ユズリハ
	25	カツラ		54	シラカシ		83	ヒイラギナンテン		112	ユリノキ
	26	カヤ		55	シラカンバ		84	ヒサカキ	ラ	113	ライラック
	27	カリン		56	ジンチョウゲ		85	ヒノキ	レ	114	レンギョウ類 ※
	28	カルミヤ	ス	57	スギ		86	ヒマラヤスギ	ロ	115	ロウバイ
	29	カンヒザクラ		58	スダジイ		87	ヒメシャラ			

※ No.114「レンギョウ類」は、レンギョウ、シナレンギョウ及びチョウセンレンギョウのいずれか一
　つ選定されます。

造園

学科試験問題

平成31年度 技能検定
2級 造園 学科試験問題
(造園工事作業)

1. 試験時間　1時間40分
2. 問題数　50題(A群25題、B群25題)
3. 注意事項
   (1)　係員の指示があるまで、この表紙はあけないでください。
   (2)　答案用紙(真偽法と多肢択一法の併用)に検定職種名、作業名、級別、受検番号、氏名を必ず記入してください。
   (3)　係員の指示に従って、問題数を確かめてください。それらに異常がある場合は、黙って手を挙げてください。問題はA群(真偽法)とB群(多肢択一法)とに分かれています。
   (4)　試験開始の合図で始めてください。
   (5)　解答の方法(真偽法と多肢択一法の併用)は次のとおりです。
   　　　イ．　A群の問題(真偽法)は、一つ一つの問題の内容が正しいか、誤っているかを判断して解答してください。
   　　　ロ．　B群の問題(多肢択一法)は、正解と思うものを一つだけ選んで、解答してください。二つ以上に解答した場合は誤答となります。
   　　　ハ．　答案用紙(マークシート用紙)へ解答する際は、答案用紙に記載されている注意事項に従ってください。
   　　　ニ．　答案用紙の解答欄は、A群の問題とB群の問題とでは異なります。所定の解答欄に、試験問題の題数に応じて解答してください。解答欄はA群は50題まで、B群は25題まで解答できるようになっています。
   (6)　電子式卓上計算機その他これと同等の機能を有するものは、使用してはいけません。
   (7)　携帯電話等は、使用してはいけません。
   (8)　試験中、質問があるときは、黙って手を挙げてください。ただし、試験問題の内容、漢字の読み方等に関する質問にはお答えできません。
   (9)　試験終了時刻前に解答ができあがった場合は、黙って手を挙げて、係員の指示に従ってください。
   (10)　試験中に手洗いに立ちたいときは、黙って手を挙げて、係員の指示に従ってください。
   (11)　試験終了の合図があったら、筆記用具を置き、係員の指示に従ってください。

[A群(真偽法)]

1　借景とは、他の庭園の一部を箱庭式に取り入れた景観をいう。

2　織部灯籠は、宝珠、笠、火袋、中台、竿及び基礎の部分によって構成されている。

3　袖垣は、建物の壁面から庭に向って袖状に短い垣を突出したものである。

4　びしゃんは、切石の表面を磨く時に使用する工具である。

5　細竹に穴をあける場合は、四つ目ギリよりも三つ目ギリを使用する方がよい。

6　曲線の多い庭の地割りは、一般に、方眼状に地割りするとよい。

7　造園工事において、降雨は、作業効率を低下させる要因の一つである。

8　延段の目地は、四つ目地、通し目地又は八つ巻きにするのがよい。

9　樹木の根回しで環状剥皮(はくひ)をする場合は、形成層(あま皮)を残す方がよい。

10　マサキモザイク病やツバキ斑葉病は、ウイルスが病原である。

11　クロマツのみどり摘み(新芽摘み)は、秋に行う。

12　イラガの幼虫は、モミジ、ケヤキなどの葉を食害し、触れると激しい痛みにおそわれる。

13　労働安全衛生法関係法令によれば、移動式クレーンの玉掛け用ワイヤロープには、安全係数が5のものを使用してもよい。

14　れんがの積み方には、長手積み、小口積み、フランス積み等がある。

15　インターロッキングブロックで園路舗装する場合は、砂利あるいは土で据えるとよい。

16　石灰質の土壌改良材は、酸性土壌の改良に適さない。

17　樹木の根系とは、直根(主根)、側根及び細根のことをいう。

18　地被植物には、木本性や草本性のものがある。

19　埴土は、砂壌土よりも透水性が高い。

20　鉄平石及び根府川石は、いずれも安山岩である。

21　寸法表示記号φ、R及びCのうち、直径を表すものはRである。

22　レベルやトランシットを用いて測量する場合、接眼レンズを覗き、十字線がはっきり見えるように調整しなければならない。

23　都市公園法関係法令によれば、砂場は遊戯施設に含まれる。

24　労働安全衛生法関係法令によれば、脚立は、脚と水平面との角度を75°以下として使用しなければならないと規定されている。

25　作業中に災害が発生した場合には、被災者の救助、二次災害の防止、関係先への連絡などの措置をとる必要がある。

[B群(多肢択一法)]

1　茶庭に関する記述として、誤っているものはどれか。
　　　イ　茶室と共に設ける。
　　　ロ　茶事の使い勝手を考慮して造る。
　　　ハ　心字池を必要とする。
　　　ニ　狭い面積でも造ることができる。

2　室町時代に造られた庭園として、正しいものはどれか。
　　　イ　毛越寺庭園
　　　ロ　銀閣(慈照)寺庭園
　　　ハ　兼六園
　　　ニ　岡山後楽園

3　露地の施設として、適切でないものはどれか。
　　　イ　飛石
　　　ロ　灯籠
　　　ハ　三尊石
　　　ニ　蹲踞

4　竹垣製作の際に使用しない工具はどれか。
　　　イ　竹ひきノコ
　　　ロ　つき棒
　　　ハ　木ばさみ
　　　ニ　こやすけ

5　一般に、かたい地面を掘り起こしたり岩石を掘削したりする道具として、最も適切なものはどれか。
　　　イ　スコップ
　　　ロ　ツルハシ
　　　ハ　エンピ
　　　ニ　ジョレン

6　四つ目垣の作り方に関する記述として、誤っているものはどれか。
　　　イ　立子は、元口節止めとする。
　　　ロ　間柱と立子の高さは、同じである。
　　　ハ　胴縁は、一段ごとに、元口、末口を交互に使う。
　　　ニ　立子の本数は、決まりがない。

7 樹木の支柱に関する記述として、誤っているものはどれか。
  イ 鳥居型支柱は、街路樹に多く使用される。
  ロ 八ツ掛支柱は、1本の支柱を打ち込んで使用する。
  ハ 布掛け支柱は、列植又は寄せ植えされた一群の樹木に対して使用する。
  ニ 方杖支柱は、老大木の傾斜した幹や、横に伸びたり、下垂した大枝等を支えるために使用する。

8 生垣に使用する樹木の選定条件として、誤っているものはどれか。
  イ 下枝が枯れやすくても、珍しい品種であること。
  ロ 排気ガス等の公害に耐えること。
  ハ 萌芽力が強くて、刈り込みに耐えること。
  ニ 発育が旺盛で、病害虫の被害が少ないこと。

9 庭園で音を楽しむ水景施設はどれか。
  イ 降り蹲踞（つくばい）
  ロ 鹿おどし
  ハ トレリス
  ニ パーゴラ

10 樹木の植込み作業に関する記述として、誤っているものはどれか。
  イ ソヨゴなど、樹皮のはがれやすい樹木をロープを用いて2点で吊り上げ移植した。
  ロ 植付け後、蒸散抑制剤を使って養生した。
  ハ 水極め後、水鉢をきっておいた。
  ニ 植付け時、安定を保つため支柱を立てずに深植えをした。

11 今年の新枝に花芽をつけ、今年の内に開花する花木として、誤っているものはどれか。
  イ サルスベリ
  ロ ヤマボウシ
  ハ モクセイ
  ニ アベリヤ

12 樹木の剪定に関する記述として、誤っているものはどれか。
  イ 樹勢の強い部分の枝は、強剪定をした。
  ロ ひこばえ(やご)及び徒長枝は、剪定した。
  ハ 平行枝及びからみ枝は、剪定した。
  ニ ふところ枝は、剪定せずそのままとした。

[B群(多肢択一法)]

13　文中の(　　)内に当てはまる数値として、適切なものはどれか。
　　　れんが積み工事の一日の積み高さは、一般に、(　　)m以下とする。
　　　イ　1.2
　　　ロ　2.2
　　　ハ　3.2
　　　ニ　4.2

14　公園の排水配管の勾配として、適切な値はどれか。
　　　イ　約1〜2%
　　　ロ　約10〜11%
　　　ハ　約15〜16%
　　　ニ　約20%以上

15　コンクリートの締固めに使用される棒形振動機(バイブレータ)の使用方法として、
　　適切なものはどれか。
　　　イ　型枠に当てながら使用する。
　　　ロ　鉄筋に当てながら使用する。
　　　ハ　引き抜くときは、一気に抜く。
　　　ニ　差し込むときは、鉛直に差し込む。

16　すす病の被害を最も受けやすい樹木はどれか。
　　　イ　ヤマモモ
　　　ロ　モチノキ
　　　ハ　ソメイヨシノ
　　　ニ　エンジュ

17　球根類はどれか。
　　　イ　グラジオラス
　　　ロ　ノコギリソウ
　　　ハ　ラベンダー
　　　ニ　オダマキ

18　雌雄同株の樹木はどれか。
　　　イ　イヌツゲ
　　　ロ　モチノキ
　　　ハ　アカマツ
　　　ニ　イチョウ

19 イロハモミジに関する記述として、誤っているものはどれか。
　　イ　葉序は、互生である。
　　ロ　実は、翼果で、実生もできる。
　　ハ　樹液の流動期が早い。
　　ニ　寒冷な気候が適している。

20 陽樹と陰樹の組合せとして、誤っているものはどれか。
　　　　　　（陽樹）　　　　　（陰樹）
　　イ　ハナミズキ　　　アオキ
　　ロ　イチイ　　　　　ハナカイドウ
　　ハ　ソメイヨシノ　　ヤツデ
　　ニ　アカマツ　　　　カクレミノ

21 造園計画の一般的な手順として、最も適切なものはどれか。
　　イ　実施設計 → 基本設計 → 基本計画 → 現地調査
　　ロ　現地調査 → 基本計画 → 基本設計 → 実施設計
　　ハ　基本計画 → 基本設計 → 実施設計 → 現地調査
　　ニ　基本計画 → 現地調査 → 基本設計 → 実施設計

22 平板測量に使わないものはどれか。
　　イ　レベル
　　ロ　ポール
　　ハ　アリダード
　　ニ　巻尺

23 次のうち、自然公園に分類されない公園はどれか。
　　イ　国立公園
　　ロ　国営公園
　　ハ　国定公園
　　ニ　海域公園

24 文中の(　　)内に当てはまる語句として、正しいものはどれか。
　　都市公園法関係法令によれば、地区公園は、(　　)に居住するものが容易に利用
　できるよう配置するものとし、その敷地面積は4haを標準として定めることと規定
　されている。
　　イ　街区内
　　ロ　近隣
　　ハ　徒歩圏域内
　　ニ　バス圏域内

[B群(多肢択一法)]

25　熱中症対策に関する記述として、適切でないものはどれか。
　　　イ　定期的に水分及び塩分を摂取できる準備をする。
　　　ロ　通気性のよい作業服を着用させる。
　　　ハ　通風又は冷房設備を設ける。
　　　ニ　熱への順化のため、高温多湿作業場所にて長時間作業を行わせる。

平成 30 年度 技能検定
2 級 造園 学科試験問題
（造園工事作業）

1. 試験時間　　1 時間 40 分
2. 問題数　　50 題(A 群 25 題、B 群 25 題)
3. 注意事項
   (1)　　係員の指示があるまで、この表紙はあけないでください。
   (2)　　答案用紙(真偽法と多肢択一法の併用)に検定職種名、作業名、級別、受検番号、氏名を必ず記入してください。
   (3)　　係員の指示に従って、問題数を確かめてください。それらに異常がある場合は、黙って手を挙げてください。問題は A 群(真偽法)と B 群(多肢択一法)とに分かれています。
   (4)　　試験開始の合図で始めてください。
   (5)　　解答の方法(真偽法と多肢択一法の併用)は次のとおりです。
   　　イ．　　A 群の問題(真偽法)は、一つ一つの問題の内容が正しいか、誤っているかを判断して解答してください。
   　　ロ．　　B 群の問題(多肢択一法)は、正解と思うものを一つだけ選んで、解答してください。二つ以上に解答した場合は誤答となります。
   　　ハ．　　答案用紙(マークシート用紙)へ解答する際は、答案用紙に記載されている注意事項に従ってください。
   　　ニ．　　答案用紙の解答欄は、A 群の問題と B 群の問題とでは異なります。所定の解答欄に、試験問題の題数に応じて解答してください。解答欄は A 群は 50 題まで、B 群は 25 題まで解答できるようになっています。
   (6)　　電子式卓上計算機その他これと同等の機能を有するものは、使用してはいけません。
   (7)　　携帯電話等は、使用してはいけません。
   (8)　　試験中、質問があるときは、黙って手を挙げてください。ただし、試験問題の内容、漢字の読み方等に関する質問にはお答えできません。
   (9)　　試験終了時刻前に解答ができあがった場合は、黙って手を挙げて、係員の指示に従ってください。
   (10)　　試験中に手洗いに立ちたいときは、黙って手を挙げて、係員の指示に従ってください。
   (11)　　試験終了の合図があったら、筆記用具を置き、係員の指示に従ってください。

[A群(真偽法)]

1　枯山水とは、水を使わずに石や砂を使用して、水の景を象徴的に表現した庭園形式をいう。

2　カスケードとは、貯水池のことをいう。

3　蹲踞や手水鉢には、必ず筧が設けられている。

4　れんがごては、モルタルを練ったり、取ったりするときに使用する。

5　街路樹の大枝の剪定に使用するのこぎりには、竹ひきのこが適している。

6　造園工事の施工順序は、一般に、次のとおりである。
　　盛土・整地工 → 地割工 → 植栽工 → 石組工 → 芝張工

7　バーチャート(横線式工程表)は、ネットワーク工程表よりも関連工種間の相互関係が把握しやすい。

8　常緑樹を掘取る場合には、一般に、振るいにするとよい。

9　布掛け支柱は、列植された樹木にその樹高の3分の2ぐらいの位置に丸太や竹を水平に渡して結束する支柱である。

10　徒長枝及びふところ枝は、一般に、剪定しない方がよい。

11　砂質土壌は、肥料分の保持が困難であるので、有機質の肥料を施肥するとよい。

12　切りつめ剪定とは、樹形を小さくしたり、樹木を一定の大きさに維持するために伸びすぎた枝を切り縮めて形を整える手入れをいう。

13　庭石をワイヤロープを使って吊り上げる場合、浅絞りにしてつり上げるとロープがはずれにくく、深絞りよりも安全に作業ができる。

14　交通量が少なく、大型車も少ない道路などに用いられる簡易舗装とは、通常、表層及び路盤から構成され、表層の厚さが3〜4cm程度の舗装をいう。

15　れんがを積む場合は、基本的にいも目地にならないようにする。

16　ケヤキの繁殖は、主に、実生による。

[A群(真偽法)]

17 ツツジ類は、開花後2か月内外で翌年の花芽が形成される。

18 マンサクの開花期は、初秋である。

19 メタセコイヤ、ガクアジサイ及びヤマモモは、いずれも外来樹である。

20 図面において、中心線は、一般に、細い一点鎖線で表される。

21 レベルは、水平角や鉛直角を精密に測る機器である。

22 都市公園法関係法令によれば、県立の都市公園の区域内で博覧会や展示会の仮設工作物を設けて占用しようとするときは、県知事の許可を受けなければならないと規定されている。

23 チェーンソーを用いて行う立木の伐木には、当該業務に関する安全又は衛生のための特別教育は必要としない。

24 労働安全衛生法関係法令によれば、移動はしごは、幅30cm以上のものを使用しなければならないと規定されている。

［B群(多肢択一法)］

1 茶庭に関する記述として、適切でないものはどれか。
　　　イ　飛石、蹲踞（つくばい）、石灯籠（とうろう）は、茶庭の構成要素である。
　　　ロ　二重露地には、外露地と内露地がある。
　　　ハ　茶庭の設計・施工に当たっては、茶道の心得にこだわらなくてよい。
　　　ニ　茶庭は、茶室へ至る道すがらを、深山幽谷の景をもって構成する。

2 フランス式庭園の説明として、誤っているものはどれか。
　　　イ　イタリア式の立体式に対して平面的である。
　　　ロ　園路が直交する場所には、その交点に噴水、彫刻などを置く。
　　　ハ　曲線園路が多く用いられている。
　　　ニ　主要建築物の周辺に花壇をつくることが多い。

3 樹木本来の樹形に関係なく人工的に刈り込み、彫刻的な表現を行うものはどれか。
　　　イ　トレリス
　　　ロ　トピアリー
　　　ハ　カナール
　　　ニ　パーゴラ

4 建設機械とその施工用途の組合せとして、適切なものはどれか。
　　　　（建設機械）　　　　　　　（施工用途）
　　　イ　トラクターショベル　　　土の積み込み運搬
　　　ロ　バックホウ　　　　　　　転圧
　　　ハ　ランマー　　　　　　　　運搬
　　　ニ　振動ローラー　　　　　　掘削

5 石材の表面仕上げに使う道具はどれか。
　　　イ　こやすけ
　　　ロ　びしゃん
　　　ハ　バール
　　　ニ　このきり

6 敷石施工に関する記述として、誤っているものはどれか。
　　　イ　床掘りし、よく突き固め、砂を入れて行う。
　　　ロ　外線及び高さは、水糸を使用して作業する。
　　　ハ　水平を見るのに、水平器を使用するとよい。
　　　ニ　見栄えをよくするため、厚さ12cmの敷石のちりを10cmにするとよい。

7 次の風除け支柱のうち、街路樹に最も多く使用されているものはどれか。
   イ 布掛け支柱
   ロ 八ツ掛け支柱
   ハ 鳥居形支柱
   ニ 樹木地下支柱

8 キンモクセイの掘り取り法として、適切なものはどれか。
   イ 凍土法
   ロ 根巻き
   ハ 振るい
   ニ 追い掘り

9 根巻きの方法で、揚げ巻きの説明はどれか。
   イ 根鉢を、穴より出して根を巻く方法
   ロ 根についている土を全てふるい落とす方法
   ハ 根鉢を、そのまま穴の中で巻く方法
   ニ 長い根を掘り取り、根全体をまとめて簡単に巻く方法

10 四つ目垣の製作に関する記述として、適切でないものはどれか。
   イ 胴縁の水平に注意する。
   ロ 胴縁の元口と末口の向きは、同じ方向に揃える。
   ハ 親柱の建入れは、垂直になるようにする。
   ニ 柱付きの節止めの角度に注意する。

11 樹木の葉を食害する害虫はどれか。
   イ ミノムシ
   ロ カイガラムシ
   ハ アブラムシ
   ニ グンバイムシ

12 庭の剪定管理作業として、適切でないものはどれか。
   イ 大きな木の剪定では、何度か仕上がりを確認するために降りた。
   ロ 庭の中で、大きな木から剪定をした。
   ハ 大きな切り枝がひっかかっているが、掃除のときに落とすのでそのままにして降りた。
   ニ 切り枝の片付けで、大枝を先に片付けてから掃除した。

[B群(多肢択一法)]

13 コンクリートブロック積み工事に関する記述として、誤っているものはどれか。
　　イ　空洞コンクリートブロックは、通常、ブロック塀などに使われる。
　　ロ　ブロック積みの前に、縦遣方をつくる。
　　ハ　1日の積み上げ高の上限は、2mとする。
　　ニ　凝結を始めたモルタルは、使用しない。

14 造園工事の排水管工事に関する記述として、誤っているものはどれか。
　　イ　排水管の敷設の勾配は、1〜2%程度にとるとよい。
　　ロ　排水管は、なるべく太くし、急勾配にした方が、速く流れてよい。
　　ハ　配管は、なるべく直線にして、溜め枡に到達するよう施工する。
　　ニ　排水管には、陶管、コンクリート管、塩化ビニル管などがある。

15 盛土用の土として、最も適切なものはどれか。
　　イ　大量の水分を含んだ土
　　ロ　木の根が混じった土
　　ハ　凍った土
　　ニ　砂礫の土

16 夏の花壇に適する草花はどれか。
　　イ　チューリップ
　　ロ　ハボタン
　　ハ　パンジー
　　ニ　サルビア

17 一石の庭石に関する名称の組合せとして、誤っているものはどれか。
　　イ　天端と肩
　　ロ　見込と見付
　　ハ　しゃくりとあご
　　ニ　根入れと目地

18 仕立物に適する常緑広葉樹はどれか。
　　イ　イヌツゲ
　　ロ　キャラボク
　　ハ　イヌマキ
　　ニ　クロマツ

19 灯籠に関する記述として、正しいものはどれか。
　　イ　春日灯籠は、宝珠、笠、火袋、中台、竿及び台石でできている。
　　ロ　灯籠は、仏教とともに江戸時代に伝わった。
　　ハ　生け込み型灯籠には台石がある。
　　ニ　雪見灯籠は、庭園の中でなるべく高い所に据えるのがよい。

20 庭石(自然石)とその主な産出地の組合せとして、誤っているものはどれか。
   　　　(庭石)　　　　　(産出地)
   イ　鳥海石・・・・東北地方
   ロ　筑波石・・・・関東地方
   ハ　伊豆石・・・・東海地方
   ニ　鞍馬石・・・・四国地方

21 対象物を真上から見た図面はどれか。
   イ　展開図
   ロ　立体図
   ハ　正面図
   ニ　平面図

22 測量に使用するポールに関する記述として、適切でないものはどれか。
   イ　長さは10mである。
   ロ　径3cmの丸棒である。
   ハ　20cm毎に赤白の塗り分けがある。
   ニ　下部には石突きを取り付け、そこで測点を示す。

23 都市公園法関係法令によれば、都市公園の修景施設の組合せとして、正しいものはどれか。
   イ　陸上競技場、彫像
   ロ　花壇、ベンチ
   ハ　植栽、つき山
   ニ　門、噴水

24 次の公園のうち、地域制公園はどれか。
   イ　都市公園
   ロ　自然公園
   ハ　国民公園
   ニ　国営公園

25 文中の(　　)内に当てはまる数値として、適切なものはどれか。
   　労働安全衛生法関係法令によれば、高さ(　　)m以上で作業床や囲い等が設けられていない箇所で作業を行う場合には、安全帯を使用させる等の墜落防止の措置を講じなければならないと規定されている。
   イ　1.0
   ロ　1.5
   ハ　1.8
   ニ　2.0

平成 29 年度 技能検定
2 級 造園 学科試験問題
（造園工事作業）

1. 試験時間　1 時間 40 分
2. 問題数　　50 題(A 群 25 題、B 群 25 題)
3. 注意事項
   (1) 係員の指示があるまで、この表紙はあけないでください。
   (2) 答案用紙(真偽法と多肢択一法の併用)に検定職種名、作業名、級別、受検番号、氏名を必ず記入してください。
   (3) 係員の指示に従って、問題数を確かめてください。それらに異常がある場合は、黙って手を挙げてください。問題は A 群(真偽法)と B 群(多肢択一法)とに分かれています。
   (4) 試験開始の合図で始めてください。
   (5) 解答の方法(真偽法と多肢択一法の併用)は次のとおりです。
       イ．　A 群の問題(真偽法)は、一つ一つの問題の内容が正しいか、誤っているかを判断して解答してください。
       ロ．　B 群の問題(多肢択一法)は、正解と思うものを一つだけ選んで、解答してください。二つ以上に解答した場合は誤答となります。
       ハ．　答案用紙(マークシート用紙)へ解答する際は、答案用紙に記載されている注意事項に従ってください。
       ニ．　答案用紙の解答欄は、A 群の問題と B 群の問題とでは異なります。所定の解答欄に、試験問題の題数に応じて解答してください。解答欄は A 群は 50 題まで、B 群は 25 題まで解答できるようになっています。
   (6) 電子式卓上計算機その他これと同等の機能を有するものは、使用してはいけません。
   (7) 携帯電話等は、使用してはいけません。
   (8) 試験中、質問があるときは、黙って手を挙げてください。ただし、試験問題の内容、漢字の読み方等に関する質問にはお答えできません。
   (9) 試験終了時刻前に解答ができあがった場合は、黙って手を挙げて、係員の指示に従ってください。
   (10) 試験中に手洗いに立ちたいときは、黙って手を挙げて、係員の指示に従ってください。
   (11) 試験終了の合図があったら、筆記用具を置き、係員の指示に従ってください。

[A群(真偽法)]

1 ロックガーデンは、岩を石垣状に組んだ庭園である。

2 飛石のちりとは、飛石の厚さをいう。

3 水琴窟(洞水門)は、水音を楽しむために工夫した地下装置である。

4 ターンバックルは、ねじによる引締め金具である。

5 丸竹を割るときに使用する竹割りは、両刃のものが適している。

6 ネットワーク工程表は、バーチャート(横線式)工程表よりも関連工種間の相互関係が把握しやすい。

7 工程表における順行法とは、竣工期日から各工事の施工期日を割り当て、工期内に収めるようにしたものである。

8 一般に高木を掘り取るときの根鉢の直径は、幹の根元直径の2倍にするのがよい。

9 竹垣の立子の曲がりを直すために行う挽目の入れ方の一つで、曲がりの凹部に入れることを「ねむり」という。

10 てんぐす病は、サクラ、シイノキ等によくつく病気で、枝の一部が著しく変形し、密生する。

11 小透かしとは、太い枝を幹の付け根からノコギリで剪定する方法をいう。

12 マサキモザイク病は、肥料不足により発生する。

13 労働安全衛生法関係法令によれば、著しい損傷又は腐食のある繊維ロープは揚貨装置の玉掛けに使用してはならない。

14 普通れんがは、組積前に水湿ししておくとよい。

15 石積み工事の裏込めとは、石積の石の下に栗石や砂利を入れて沈下を防ぐことである。

16 アケビとムベは、いずれも落葉のつる性植物である。

17 コケ類、クローバー、リュウノヒゲは、地被植物である。

[A群(真偽法)]

18　ナツツバキは、乾燥に強い樹木である。

19　下記のうち、最も粘土の含有量が多いのは、(1)である。
　　(1) 埴壌土　　(2) 埴土　　(3) 壌土

20　新木とは、以前に根回しも、移植も行ったことのない樹木のことをいう。

21　仕様書は、一般に工事の指示書と注意書のことである。

22　オート・レベルは、距離を正確に測る器具である。

23　自然公園法関係法令によれば、国立公園内の特別地域及び特別保護地区では、竹木の伐採の行為が制限されている。

24　労働安全衛生法関係法令によれば、高所作業車を用いて作業を行うときは、乗車席及び作業床以外の箇所に労働者を乗せてはならないと規定されている。

25　労働安全衛生法関係法令によれば、事業者は高さ2m以上の箇所で作業を行う場合において、強風、大雨、大雪等の悪天候のため、当該作業の実施について危険が予想されるときは、当該作業に労働者を従事させてはならないと規定されている。

[B群(多肢択一法)]

1 日本庭園の様式とその代表的庭園の組合せとして、正しいものはどれか。
　　　　（様式）　　　　　　（庭園）
　　イ　枯山水　・・・　桂離宮庭園
　　ロ　茶庭　　・・・　大徳寺大仙院庭園
　　ハ　回遊式　・・・　二条城二の丸庭園
　　ニ　浄土式　・・・　平等院庭園

2 枯山水庭園の特徴として、誤っているものはどれか。
　　イ　石組と白砂
　　ロ　一面の白砂
　　ハ　白砂青松
　　ニ　枯滝石組

3 水景施設はどれか。
　　イ　トレリス
　　ロ　トピアリー
　　ハ　カスケード
　　ニ　パーゴラ

4 整地や地ならしに使用しない工具はどれか。
　　イ　スコップ
　　ロ　こうがい板
　　ハ　掛矢
　　ニ　ジョレン

5 金閣寺垣の製作に使用しない工具はどれか。
　　イ　水糸
　　ロ　突き棒
　　ハ　かなづち
　　ニ　くり針

6 クスノキの植栽に関する記述として、誤っているものはどれか。
　　イ　掘り取りは、ふるい掘りで行った。
　　ロ　掘り取り前に十分灌水した。
　　ハ　植え付けは、水極めで行った。
　　ニ　植え付け後、支柱を取り付けた。

［B群(多肢択一法)］

7 コウライシバの芝張り作業に関する記述として、正しいものはどれか。
　　イ　張芝の時期として、真夏の猛暑時期は避けた方がよい。
　　ロ　張芝の手順は、整地 → 芝の植え付け → 灌水 → 転圧 → 目土かけである。
　　ハ　酸性の土壌では、あらかじめ石灰窒素で中和する。
　　ニ　目土は、芝が完全に隠れるように土をかけるのがよい。

8 高さ4mの直幹のハナミズキを、街路の狭い植樹帯に植える場合の支柱として、適切なものはどれか。
　　イ　竹を使用した八つ掛け支柱
　　ロ　丸太を使用した方杖支柱
　　ハ　丸太を使用した鳥居支柱
　　ニ　丸太を使用した布掛け支柱

9 垣根の胴縁の施工方法に関する記述として、適切なものはどれか。
　　イ　先に下段を取り付けると、正しく取り付けられる。
　　ロ　先に上段を取り付けると、柱が開かない。
　　ハ　先に中段を取り付けると、しっかりする。
　　ニ　位置に関係なく取り付ける。

10 盛土計画高1.5mの場合、一般的な余盛の高さはどれか。
　　イ　5cm
　　ロ　15cm
　　ハ　25cm
　　ニ　35cm

11 次のうち、高枝剪定ばさみによる剪定が適しているものはどれか。
　　イ　モミジの小透かし剪定
　　ロ　マツのみどり摘み
　　ハ　樹木の高い所にある不要枝の剪定
　　ニ　クロマツの段づくり

12 剪定、整姿に関する記述として、誤っているものはどれか。
　　イ　同一方向に枝が重ならないように剪定する。
　　ロ　幹吹き、ひこばえは、剪定する。
　　ハ　毎年同じ枝の位置で剪定する。
　　ニ　逆さ枝にならないように剪定する。

13 コンクリートの打設に関する記述として、適切なものはどれか。
     イ　激しく雨が降っていたが、フレッシュコンクリート(生コン)を打設した。
     ロ　打設時にコンクリートが固まり始めたので、水を加えた。
     ハ　コンクリートが少し足りなくなったので、砂と水を加えた。
     ニ　打設後、乾燥しないように適時、散水を行った。

14 盛土用の土として、適切なものはどれか。
     イ　大量の水分を含んだ土
     ロ　木の根が混じった土
     ハ　凍った土
     ニ　砂れき土

15 次のうち、テニスコートの舗装として、一般に、使用されるものはどれか。
     イ　クレイ舗装
     ロ　アスファルト舗装
     ハ　れんが舗装
     ニ　コンクリート舗装

16 次のうち、ニレ科の樹木はどれか。
     イ　コブシ
     ロ　ケヤキ
     ハ　ハナミズキ
     ニ　ニセアカシア

17 壁面を緑化する植物として、適切でないものはどれか。
     イ　ナツヅタ
     ロ　フッキソウ
     ハ　ムベ
     ニ　テイカカズラ

18 次のうち、陰樹はどれか。
     イ　アカマツ
     ロ　ネムノキ
     ハ　アオキ
     ニ　アメリカデイゴ

19 次のうち、春の花壇に使われる草花はどれか。
     イ　ケイトウ
     ロ　サルビア
     ハ　ヒガンバナ
     ニ　パンジー

［B群(多肢択一法)］

20　次のうち、潮風に弱い樹木はどれか。
　　　イ　ウバメガシ
　　　ロ　ソメイヨシノ
　　　ハ　マテバシイ
　　　ニ　ヤマモモ

21　植栽する樹木の位置を示す図面はどれか。
　　　イ　断面図
　　　ロ　正面図
　　　ハ　平面図
　　　ニ　立面図

22　次のうち、角度を測る機械・器具はどれか。
　　　イ　巻尺
　　　ロ　トランシット
　　　ハ　レベル
　　　ニ　スタッフ

23　都市公園の施設のうち、教養施設はどれか。
　　　イ　図書館
　　　ロ　噴水
　　　ハ　休憩所
　　　ニ　駐車場

24　都市公園法関係法令によれば、都市公園の標準面積として、正しい組合せはどれか。
　　　イ　街区公園　・・・　標準面積0.25ha
　　　ロ　街区公園　・・・　標準面積1.00ha
　　　ハ　地区公園　・・・　標準面積2.00ha
　　　ニ　地区公園　・・・　標準面積3.00ha

25　クレーンに関する記述として、誤っているものはどれか。
　　　イ　つり上げ荷重1トン以上のクレーン操作は資格が必要だが、玉掛けの業務は熟練者であればよい。
　　　ロ　玉掛け用ワイヤーロープ、フック等は使用前に点検し、荷重に適したものを使用する。
　　　ハ　操作に関し、合図の方法と合図指示者を定め、関係者に周知させる。
　　　ニ　運搬重量、つり重量はあらかじめ確認する。

平成31年度 技能検定
1級 造園 学科試験問題
（造園工事作業）

1. 試験時間　　1時間40分
2. 問題数　　　50題(A群25題、B群25題)
3. 注意事項
   (1)　係員の指示があるまで、この表紙はあけないでください。
   (2)　答案用紙(真偽法と多肢択一法の併用)に検定職種名、作業名、級別、受検番号、氏名を必ず記入してください。
   (3)　係員の指示に従って、問題数を確かめてください。それらに異常がある場合は、黙って手を挙げてください。問題はA群(真偽法)とB群(多肢択一法)とに分かれています。
   (4)　試験開始の合図で始めてください。
   (5)　解答の方法(真偽法と多肢択一法の併用)は次のとおりです。
   　　　イ．　A群の問題(真偽法)は、一つ一つの問題の内容が正しいか、誤っているかを判断して解答してください。
   　　　ロ．　B群の問題(多肢択一法)は、正解と思うものを一つだけ選んで、解答してください。二つ以上に解答した場合は誤答となります。
   　　　ハ．　答案用紙(マークシート用紙)へ解答する際は、答案用紙に記載されている注意事項に従ってください。
   　　　ニ．　答案用紙の解答欄は、A群の問題とB群の問題とでは異なります。所定の解答欄に、試験問題の題数に応じて解答してください。解答欄はA群は50題まで、B群は25題まで解答できるようになっています。
   (6)　電子式卓上計算機その他これと同等の機能を有するものは、使用してはいけません。
   (7)　携帯電話等は、使用してはいけません。
   (8)　試験中、質問があるときは、黙って手を挙げてください。ただし、試験問題の内容、漢字の読み方等に関する質問にはお答えできません。
   (9)　試験終了時刻前に解答ができあがった場合は、黙って手を挙げて、係員の指示に従ってください。
   (10)　試験中に手洗いに立ちたいときは、黙って手を挙げて、係員の指示に従ってください。
   (11)　試験終了の合図があったら、筆記用具を置き、係員の指示に従ってください。

［A群(真偽法)］

1　緩衝緑地とは、大気汚染や騒音などを防止する目的で、公害発生地域と居住地域との間に設けられる緑地のことをいう。

2　水琴窟(洞水門)は、降り蹲踞とも呼ばれている。

3　このきりは、大型の木づちのことである。

4　せり矢は、石材を細かく砕く時に使用する。

5　工程表を作成するときは、天候による作業不能を考慮する必要がある。

6　山掘り樹木の移植の場合、枝葉を1/3以上剪定するのは、運搬時の枝折れを防ぐためである。

7　養垣の竹穂は、竹穂の穂先を下に向け、上部から順次かきつけるとよい。

8　樹木を運搬するときに行う枝おりは、一般に、下部の枝から順に行う方がよい。

9　老化した生垣を若返らせる方法の一つに根切りがある。

10　茶庭の中門の役石として、外露地側に客石、内露地側に亭主石が据えられる。

11　豆かすは、窒素分を多く含んだ肥料である。

12　摘心は、一般に、新梢の先端が木質化してから行うのが最適である。

13　芝生管理としてのエアレーションとは、芝生面に穴をあけ、土壌中の通気性を回復させ、老化防止及び若返りを促す作業のことをいう。

14　玉掛け作業で、ワイヤロープのつり角度を大きくすると、荷に加わる圧縮力も大きくなる。

15　クレイ舗装は、運動広場にも使用される。

16　ベントグラスは、暖地よりも寒冷地の芝として適している。

17　マダケは、モウソウチクと比べて弾力性があり、肉厚が薄く、細割りに適している。

18　設計図書における仕様書には、標準仕様書と特記仕様書とがある。

19 法面勾配において、1：1.5と表示されている場合、1.5は垂直方向を表す。

20 歩掛りとは、工事の原価計算に用いる単位当たりの標準労務量や標準資材量などのことをいう。

21 一般に、鋼製巻尺は、合成繊維製巻尺よりも距離測定における精度が高い。

22 発光ダイオード(LED)を使用した光波測距儀の測定範囲は、100m以下である。

23 水準測量に使用するレベル(水準儀)は、測点上に据え付ける。

24 国立公園の特別保護地区内に樹木を植える場合、環境大臣の許可が必要である。

25 労働安全衛生法関係法令によれば、手掘りにより砂の地山を掘削するときは、掘削面のこう配を35°以下とし、又は掘削面の高さを5m未満としなければならないと規定されている。

［B群(多肢択一法)］

1　枯山水式でない庭園はどれか。
　　　イ　大徳寺大仙院庭園
　　　ロ　龍安寺方丈庭園
　　　ハ　天龍寺庭園
　　　ニ　南禅寺金地院庭園

2　庭園及び公園の特徴に関する記述として、正しいものはどれか。
　　　イ　パティオは、イギリスで発達した中庭形式の庭園である。
　　　ロ　露壇式庭園はドイツで発達し、ヨーロッパ中に広まった。
　　　ハ　イエローストーン国立公園は、アメリカの自然公園である。
　　　ニ　市民農園の原点となる分区園は、フランスで始まった。

3　緑道に関する記述として、正しいものはどれか。
　　　イ　アーチにツルを絡めた日陰道をいう。
　　　ロ　緑化した道路の総称をいう。
　　　ハ　歩行者路を主体とした緑地の一種をいう。
　　　ニ　都市公園に隣接した車道をいう。

4　次のうち、高枝剪定ばさみの使用法として、正しいものはどれか。
　　　イ　トキワマンサクの生垣の刈り込みに使用する。
　　　ロ　アラカシの三葉透かしに使用する。
　　　ハ　アカマツのみどり摘みに使用する。
　　　ニ　フサアカシア(ミモザ)の徒長枝を切るのに使用する。

5　次のうち、ゴルフ場のグリーンの芝刈りに適する芝刈機の刈刃の方式はどれか。
　　　イ　ロータリー式
　　　ロ　リール式
　　　ハ　レシプロ式
　　　ニ　エア・クッション式

6　ネットワーク工程表に関する記述として、正しいものはどれか。
　　　イ　クリティカルパスとは、工種のことである。
　　　ロ　矢線の長さは、最短工期を表している。
　　　ハ　ダミー(破線)は、作業を表している。
　　　ニ　○印をイベントという。

7　踏分石に関する説明として、誤っているものはどれか。
　　　イ　飛石の分岐点に据える。
　　　ロ　飛石よりも大きめの石を使う。
　　　ハ　伽藍石などを使うこともある。
　　　ニ　飛石よりも、ちりはやや低めに据える。

8 滝石組に関する記述として、適切なものはどれか。
    イ 大振りと小振りの石を組み合わせて使う方がよい。
    ロ 角のとれたやさしい丸みのある石を使う方がよい。
    ハ 種類の違った石を多く使う方がよい。
    ニ なるべく小さい石を数多く使う方がよい。

9 小舗石の園路を施工するときの記述として、誤っているものはどれか。
    イ 芋目地は避けるが、八つ巻きはよい。
    ロ カーブの施工では、膨らまないように注意する。
    ハ 砕石・砂で下地を作り、よく転圧してから施工する。
    ニ 石と石の目地は、均等になるようにする。

10 土壌中の腐植に関する記述として、正しいものはどれか。
    イ 土壌中の微生物の活動を抑制する。
    ロ 土壌の単粒化を促進する。
    ハ 心土中に多く存在する。
    ニ 土壌の膨軟化を促進する。

11 樹木剪定の手法のうち、大透かし、中透かし及び小透かしの剪定手法があるものはどれか。
    イ 切詰剪定
    ロ 切返し剪定
    ハ 枝おろし剪定
    ニ 枝抜き剪定

12 次のうち、葉を食害する虫はどれか。
    イ クリタマバチ
    ロ チャドクガ
    ハ ハダニ類
    ニ ゴマダラカミキリ

13 クレーン等安全衛生規則において規定されている移動式クレーンの玉掛用具の安全係数に関する記述として、誤っているものはどれか。
    イ フックの安全係数は、5以上でなければ使用してはならない。
    ロ つりチェーンの安全係数は、6以上でなければ使用してはならない。
    ハ シャックルの安全係数は、5以上でなければ使用してはならない。
    ニ ワイヤロープの安全係数は、6以上でなければ使用してはならない。

［B群(多肢択一法)］

14　れんが工事に関する記述として、誤っているものはどれか。
　　　イ　1日の積高さは、2〜2.5mにする。
　　　ロ　縦の目地を一直線に通さないようにする。
　　　ハ　使用前にれんがを適度に湿らせておく。
　　　ニ　1日の作業を中断するときは、段逃げとする。

15　盛土の施工に関する記述として、誤っているものはどれか。
　　　イ　盛土に使用する土は、草木等を取り除く。
　　　ロ　土のまきだし厚さは、原則として、20〜30cm以下とする。
　　　ハ　計画高さが1.5mのときは、余盛りの高さを50cm位とする。
　　　ニ　傾斜した地盤に盛土するときは、段切りをする。

16　次のうち、実肥といわれているものはどれか。
　　　イ　りん酸肥料
　　　ロ　カリ肥料
　　　ハ　窒素肥料
　　　ニ　石灰肥料

17　次のうち、橋杭など水中に使用するのに最適な材料はどれか。
　　　イ　ヒノキ
　　　ロ　クリ
　　　ハ　マツ
　　　ニ　スギ

18　次の庭園用石材のうち、玄武岩はどれか。
　　　イ　万成石
　　　ロ　六方石
　　　ハ　甲州鞍馬石
　　　ニ　筑波石

19　樹木の増殖法に関する記述として、誤っているものはどれか。
　　　イ　さし木は、母樹の性質を正確に受け継ぐ方法である。
　　　ロ　接木には、割り接ぎ、呼び接ぎ等がある。
　　　ハ　取り木は、品種改良を目的とした有性繁殖である。
　　　ニ　株分けは、生育している植物を分割して増殖させる方法である。

20　次のうち、宿根草はどれか。
　　　イ　チューリップ
　　　ロ　ガーベラ
　　　ハ　クロッカス
　　　ニ　ヒヤシンス

21 造園における平面図の描き方として、誤っているものはどれか。
　　イ　主庭が南向きの場合は、南を上に描くことがある。
　　ロ　平面図には、庭石までは表現しない。
　　ハ　樹木の名前を書くとよい。
　　ニ　樹高を書くとよい。

22 各図面の種類とその縮尺の組合せとして、最も適切なものはどれか。
　　　　平面図　　立面図　　詳細図
　　イ　1／100　　1／50　　1／50
　　ロ　1／100　　1／100　　1／10
　　ハ　1／50　　1／100　　1／200
　　ニ　1／50　　1／200　　1／100

23 アリダードを構成する部材として、誤っているものはどれか。
　　イ　縮尺定規
　　ロ　視準板
　　ハ　水準器
　　ニ　下げ振り

24 都市公園の施設とそれに該当する設備の組合せとして、正しいものはどれか。
　　イ　便益施設　……　門、照明
　　ロ　修景施設　……　飛石、噴水
　　ハ　管理施設　……　売店、駐車場
　　ニ　休養施設　……　温室、野外劇場

25 作業現場における事故に対する備え及び救護処置として、適切でないものはどれか。
　　イ　顔が紅潮している時は、頭を少し下げて寝かす。
　　ロ　救護処置は、冷静かつ迅速に、適切な順序で行う。
　　ハ　救急箱などを用意しておき、応急処置がすぐに行えるようにしておく。
　　ニ　事故が発生した場合、関係者に速やかに連絡できるよう緊急連絡網を常備する。

平成 30 年度 技能検定
1 級 造園 学科試験問題
（造園工事作業）

1. 試験時間　1時間 40 分
2. 問題数　　50 題(A 群 25 題、B 群 25 題)
3. 注意事項
   (1)　係員の指示があるまで、この表紙はあけないでください。
   (2)　答案用紙(真偽法と多肢択一法の併用)に検定職種名、作業名、級別、受検番号、氏名を必ず記入してください。
   (3)　係員の指示に従って、問題数を確かめてください。それらに異常がある場合は、黙って手を挙げてください。問題は A 群(真偽法)と B 群(多肢択一法)とに分かれています。
   (4)　試験開始の合図で始めてください。
   (5)　解答の方法(真偽法と多肢択一法の併用)は次のとおりです。
   　　イ．　A 群の問題(真偽法)は、一つ一つの問題の内容が正しいか、誤っているかを判断して解答してください。
   　　ロ．　B 群の問題(多肢択一法)は、正解と思うものを一つだけ選んで、解答してください。二つ以上に解答した場合は誤答となります。
   　　ハ．　答案用紙(マークシート用紙)へ解答する際は、答案用紙に記載されている注意事項に従ってください。
   　　ニ．　答案用紙の解答欄は、A群の問題と B 群の問題とでは異なります。所定の解答欄に、試験問題の題数に応じて解答してください。解答欄は A 群は 50 題まで、B 群は 25 題まで解答できるようになっています。
   (6)　電子式卓上計算機その他これと同等の機能を有するものは、使用してはいけません。
   (7)　携帯電話等は、使用してはいけません。
   (8)　試験中、質問があるときは、黙って手を挙げてください。ただし、試験問題の内容、漢字の読み方等に関する質問にはお答えできません。
   (9)　試験終了時刻前に解答ができあがった場合は、黙って手を挙げて、係員の指示に従ってください。
   (10)　試験中に手洗いに立ちたいときは、黙って手を挙げて、係員の指示に従ってください。
   (11)　試験終了の合図があったら、筆記用具を置き、係員の指示に従ってください。

1　フランス式庭園には、立体幾何学的要素を含んだもので、丘陵地につくられたものが多い。

2　トピアリーは、樹木をさまざまな形に刈り込む人工的な仕立てである。

3　直角を出すために使用されている大矩(おおがね)の各辺の比率は、3：5：7である。

4　ロータリー式芝刈機は、リール式芝刈機よりも刈高の調整が容易である。

5　ネットワーク工程表は、バーチャート(横線式)工程表よりも各工種の関連がわかりやすい。

6　蹲踞(つくばい)の前石は、一般に、飛石よりも10cm程度高く据えるのがよい。

7　クロマツの植付けには、土ぎめ(突きぎめ)の手法があるが、深植えとしない方がよい。

8　飛石の打ち方には、千鳥打ち、雁(かり)打ち、二・三連打ちなどがあるが、無理のない足の運びが重要である。

9　根回しの際の環状剥皮(はくひ)は、形成層(あま皮)を残すことが大切である。

10　強酸性の土は、一般に、植物の生育には適さない。

11　日照による枝葉の伸長度の低い北側の方位には、強剪定が行われる。

12　マツの手入れ法の「みどり摘み」とは、新芽を摘むことをいう。

13　懐(ふところ)枝は、徒長枝ともいう。

14　労働安全衛生法関係法令によれば、クレーン、移動式クレーン又はデリックの玉掛け用ワイヤロープは、安全係数が6以上のものでなければ使用してはならないと規定されている。

15　急傾斜地に盛土する場合は、あらかじめ段切りをするとよい。

16　心土は、表土に比べて植物の生育上、よい条件を備えている。

17　鞍馬石は、変成岩の一種である。

［A群(真偽法)］

18　日本工業規格(JIS)によれば、下図は、コンクリートを表す材料構造表示記号である。

19　植栽図に記入する樹木の高さに、徒長枝は含めない。

20　工事費は、工種ごとの経費と所要の諸経費などを積み上げて算出する。

21　レベル測量に用いるスタッフ(標尺・箱尺)の最小目盛は、5mm刻みである。

22　測量に使用するポールは、長さ2～5mで20cmごとに赤白に塗り分けられている。

23　水準測量において、レベルの観測者は、スタッフ(標尺・箱尺)の読みの最大値を読みとるとよい。

24　都市公園における施設のうち、門、柵、掲示板、くず箱は、管理施設である。

25　チェーンソーを用いて行う立木の伐木には、当該業務に関する安全又は衛生のための特別教育は必要としない。

[B群(多肢択一法)]

1 　園名とその作者の組合せとして、誤っているものはどれか。
　　　　　　　（園名）　　　　　　　　　（作者）
　　イ　ベルサイユ宮苑　・・・・・　アンドレ・ル・ノートル
　　ロ　旧古河庭園　・・・・・・・　小堀遠州
　　ハ　セントラルパーク　・・・・　フレデリック・ロー・オルムステッド
　　ニ　西芳寺庭園　・・・・・・・　夢窓疎石(国師)

2 　回遊式庭園はどれか。
　　イ　小石川後楽園
　　ロ　宇治平等院庭園
　　ハ　龍安寺方丈庭園
　　ニ　大徳寺大仙院庭園

3 　塀や生垣等に沿って設けられる帯状の花壇はどれか。
　　イ　沈床花壇
　　ロ　ウォール花壇
　　ハ　境栽花壇
　　ニ　寄植え花壇

4 　野面積み作業に用いる道具の組合せとして、最も適切なものはどれか。
　　イ　木槌、せり矢
　　ロ　せっとう、くり針
　　ハ　せり矢、地ごて
　　ニ　せっとう、こやすけ

5 　作業と使用する建設機械の組合せとして、誤っているものはどれか。
　　　　　　（作業）　　　　　　　（使用する建設機械）
　　イ　植穴の掘削　・・・　ミニバックホウ
　　ロ　芝生の転圧　・・・　ローラ
　　ハ　土砂の小運搬　・・・　ホイール式ローダ
　　ニ　石の据付け　・・・　パワーショベル

6 　出合丁場の工事現場で、他の施工者と打合せを必要としない項目はどれか。
　　イ　資材置き場の確保
　　ロ　工程の調整
　　ハ　資材の選定
　　ニ　搬入路の確保

[B群(多肢択一法)]

7 石組についての留意点として、誤っているものはどれか。
    イ 山石、川石、海石を一緒に組まない。
    ロ 同じ大きさの石、同じ形の石を揃える。
    ハ 立石をむやみに使わない。
    ニ 色彩の全く異なる石を組み合わせない。

8 垣根の構造に関する記述として、誤っているものはどれか。
    イ 建仁寺垣は、親柱・間柱・胴縁・立子・押縁・玉縁からなる。
    ロ 四ツ目垣は、親柱・間柱・胴縁・立子からなる。
    ハ 金閣寺垣は、親柱・間柱・立子・押縁・玉縁からなる。
    ニ 御簾垣は、親柱・間柱・組子・押縁・玉縁からなる。

9 芝生地の造成に関する記述として、正しいものはどれか。
    イ 芝生地は、根腐れを防止するため、排水勾配をつける。
    ロ 目地張りは、縦目地、横目地とも通して整然と張るのがよい。
    ハ 播種や植芝には、基肥を必要としない。
    ニ 目土は、春期は薄めに、夏期は厚めにする。

10 ケヤキの植栽とその後の養生に関する記述として、最も適切なものはどれか。
    イ 植え込みは、土ぎめとし、後で水を施した。
    ロ 植え込みは、水ぎめとし、新葉が出た時に灌水管理をした。
    ハ 植え込みは、根が乾燥しないように深植えとし、しっかり水を施した。
    ニ 植え込みは、足でしっかり踏み、十分土をかけたので、水は必要でない。

11 街路樹の車道側支障枝の切り上げについて、路面からの高さとして、適切なものはどれか。
    イ 3.5m
    ロ 4.5m
    ハ 5.0m
    ニ 5.5m

12 枝の一部が変形し、たくさんの小枝が発生する樹木の病気はどれか。
    イ てんぐす病
    ロ 炭そ病
    ハ さび病
    ニ うどんこ病

13 玉掛け用ワイヤロープの基本安全荷重(玉掛け用具1本又は1個を用いて垂直につるすことができる最大荷重)を求める計算式はどれか。
 イ 切断荷重÷(ロープ径×安全係数)
 ロ ロープ径÷(切断荷重×換算係数)
 ハ (切断荷重×安全係数)÷換算係数
 ニ 切断荷重÷(安全係数×換算係数)

14 護岸工事に関する記述として、誤っているものはどれか。
 イ しがらみ護岸は、留め杭の背後に細身の丸太を水平に積み上げる工法である。
 ロ 草留め護岸は、緩やかな勾配の護岸に適したシバ、コケ、セキショウなどを用いる工法である。
 ハ 州浜護岸は、特に緩やかな勾配の池縁に玉石、ごろた石などを敷き詰める工法である。
 ニ 乱杭護岸は、丸太、六方石等を用い、不揃いに打ち込む工法である。

15 造園工事における排水工事において、管路の勾配として、適切な値はどれか。
 イ 1〜2%
 ロ 3〜4%
 ハ 5〜6%
 ニ 10〜11%

16 庭園に使用する化粧砂利の記述として、誤っているものはどれか。
 イ 桜川砂利 ・・・花こう岩が風化したもので、さびが強く、褐色である。
 ロ 白川砂(砂利)・・・白川石が風化したもので、白く美しい。
 ハ 伊勢砂利 ・・・伊勢地方に産出する砂利で、黒色のものである。
 ニ 五色砂利 ・・・各地で産出する五色の石が混ざったものである。

17 肥料に関する記述として、誤っているものはどれか。
 イ 鶏ふん、油カスは、有機質肥料である。
 ロ 化成肥料は、無機質肥料である。
 ハ 肥料の三要素とは、窒素、リン酸及び石灰である。
 ニ 石灰質肥料は、酸性土壌の改良に適している。

18 雌雄異株の樹木はどれか。
 イ モチノキ
 ロ サルスベリ
 ハ アセビ
 ニ コブシ

［B群(多肢択一法)］

19 樹木の説明として、誤っているものはどれか。
    イ　ハンノキは、湿地に耐える。
    ロ　イチイは、耐寒性がある。
    ハ　クロマツは、陰樹である。
    ニ　クロガネモチは、雌雄異株である。

20 粘土含有量の少ない順に並んでいるものはどれか。
    （少ない）　→　　→　　→　（多い）
    イ　埴土　→　埴壌土　→　壌土
    ロ　砂壌土　→　壌土　　→　埴壌土
    ハ　壌土　→　砂壌土　→　砂土
    ニ　砂壌土　→　砂土　　→　埴土

21 次のうち、対象物の見えない部分(かくれた部分)の形状を表わす線として、正しいものはどれか。
    イ　細いジグザグ線
    ロ　細い実線
    ハ　細い破線
    ニ　細い二点鎖線

22 造園設計図における略記号と記号が表すものの組合せとして、誤っているものはどれか。
    （略記号）　（記号が表すもの）
    イ　φ　　　　　直径
    ロ　WL　　　　水面
    ハ　GP　　　　ガス管
    ニ　♯　　　　　地盤

23 測量機器の名称とその使用方法の組合せとして、正しいものはどれか。
    （測量機器）　　　　　　　（使用方法）
    イ　スタッフ(標尺・箱尺)　鉛直に立てて内角を測る。
    ロ　ポール　　　　　　　　鉛直に立てて測点を指し示す。
    ハ　錘球(下げ振り)　　　　糸で下げて水平を示す。
    ニ　アリダード　　　　　　視準して平板を致心する。

24 国立公園の特別保護地区内で行う作業のうち、許可を要しないものはどれか。
    イ　工作物の改築
    ロ　木竹の伐採
    ハ　水面の埋立て工事
    ニ　非常災害のために必要な応急措置

25　剪定作業の安全対策に関する記述として、誤っているものはどれか。

　　イ　樹木の腐れ枝、弱い枝などを確認し、体重をかける部分は特に注意する。

　　ロ　折りたたみ式の脚立を使用する場合、脚と水平面との角度が75°以下であれば、止め金具は止めないで使用してもよい。

　　ハ　枝の切り落としの際は、下の安全を確認する。

　　ニ　脚立は必ず水平に据え付け、軟弱地の場合は板などを敷き脚立の沈下を防ぐ。

平成29年度 技能検定
1級 造園 学科試験問題
（造園工事作業）

1. 試験時間　　1時間40分
2. 問題数　　　50題(A群25題、B群25題)
3. 注意事項
   (1)　係員の指示があるまで、この表紙はあけないでください。
   (2)　答案用紙(真偽法と多肢択一法の併用)に検定職種名、作業名、級別、受検番号、氏名を必ず記入してください。
   (3)　係員の指示に従って、問題数を確かめてください。それらに異常がある場合は、黙って手を挙げてください。問題はA群(真偽法)とB群(多肢択一法)とに分かれています。
   (4)　試験開始の合図で始めてください。
   (5)　解答の方法(真偽法と多肢択一法の併用)は次のとおりです。
   　　イ．　A群の問題(真偽法)は、一つ一つの問題の内容が正しいか、誤っているかを判断して解答してください。
   　　ロ．　B群の問題(多肢択一法)は、正解と思うものを一つだけ選んで、解答してください。二つ以上に解答した場合は誤答となります。
   　　ハ．　答案用紙(マークシート用紙)へ解答する際は、答案用紙に記載されている注意事項に従ってください。
   　　ニ．　答案用紙の解答欄は、A群の問題とB群の問題とでは異なります。所定の解答欄に、試験問題の題数に応じて解答してください。解答欄はA群は50題まで、B群は25題まで解答できるようになっています。
   (6)　電子式卓上計算機その他これと同等の機能を有するものは、使用してはいけません。
   (7)　携帯電話等は、使用してはいけません。
   (8)　試験中、質問があるときは、黙って手を挙げてください。ただし、試験問題の内容、漢字の読み方等に関する質問にはお答えできません。
   (9)　試験終了時刻前に解答ができあがった場合は、黙って手を挙げて、係員の指示に従ってください。
   (10)　試験中に手洗いに立ちたいときは、黙って手を挙げて、係員の指示に従ってください。
   (11)　試験終了の合図があったら、筆記用具を置き、係員の指示に従ってください。

[A群(真偽法)]

1　借景というのは、他の庭園のよいところを模倣し、庭園内に取り込む技法のことである。

2　カスケードは、平坦地に作られた平面水路のことである。

3　清水竹のように細い竹にきりもみをするときは、三つ目きりよりも四つ目きりを使用する方がよい。

4　直角二等辺三角形でない大矩(おおがね)は、各辺の長さの比率が 3：4：5 である。

5　工程表における逆算法(逆行法)とは、竣工期日から各工事の施工期日を割り当て、工期内に収めるようにする方法をいう。

6　幹が2本以上の樹木の場合、各々の周長の総和の70%を樹木の幹周りとする。

7　ふところ枝は、樹木の根元から出る枝である。

8　三本支柱(八つ掛け支柱)の支える箇所は、樹高の1/2のところとするのがよい。

9　樹木の根回しで環状剥皮をするのは、根の基部と先端との養分の流通を断ち、新しい細根の発根を促進させるためである。

10　ねむりとは、垣根の立子の曲がりを直すため、凸面に入れる挽目をいう。

11　樹木の大枝の適切な切断位置は、「枝の襟(ブランチカラー)」を傷つけないぎりぎりの部位である。

12　摘心は、樹の新梢の先端を摘む方法のことで、木質化しないうちに行うのがよい。

13　骨粉類及び油かす類は、いずれも有機質肥料である。

14　ワイヤロープで荷をつる場合の安全荷重は、つり角度が大きくなるほど大きくなる。

15　基礎コンクリートの下に敷く割栗石は、縦使いにするよりも横使いにする方がよい。

16　無性繁殖法の中には、バイオテクノロジーも含まれている。

17　イヌマキは、耐潮風樹種である。

[A群(真偽法)]

18　透視図には、寸法を表示する必要はない。

19　日本工業規格(JIS)の建築製図通則によれば、下図は、軽量ブロック壁を表す材料
　　構造表示記号である。

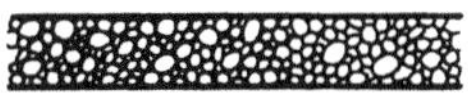

20　面積計算方法の三辺法は、面積を求める区域を三角形に区分し、底辺数値及び底辺
　　垂直高数値より乗数値を求め、各区分の数値を加算した合計の1/2で面積を求める
　　方法である。

21　クリノメーターは、傾斜角、仰角など鉛直角を測ることができる簡単な測定器であ
　　る。

22　プラニメーターは、図面上の面積を測定する機器である。

23　オート・レベルは、水平に据えつけなければならない。

24　都市公園法関係法令によれば、都市公園の中に設けられる駐車場は、公園施設では
　　ない。

25　労働安全衛生法関係法令によれば、胸高直径が70cm以上の立木の伐木作業を行う
　　場合には、特別教育を受けたものが行わなければならないとされている。

[B群(多肢択一法)]

1　庭園様式の組合せとして、正しいものはどれか。
　　　イ　イギリス式庭園　・・・　風景式庭園
　　　ロ　フランス式庭園　・・・　露壇式庭園
　　　ハ　スペイン式庭園　・・・　平面幾何学式庭園
　　　ニ　イタリア式庭園　・・・　中庭式庭園

2　最も小さな面積で造ることができる庭園様式はどれか。
　　　イ　寝殿造り庭園
　　　ロ　枯山水式庭園
　　　ハ　回遊式庭園
　　　ニ　浄土式庭園

3　縁先手水鉢の役石はどれか。
　　　イ　手燭石
　　　ロ　前石
　　　ハ　湯桶石
　　　ニ　清浄石

4　バックホウに適する作業はどれか。
　　　イ　土の敷均し
　　　ロ　地盤の締固め
　　　ハ　土の運搬
　　　ニ　地盤より低い所の掘削

5　石積みで、石を割るために適した工具はどれか。
　　　イ　掛矢
　　　ロ　金てこ
　　　ハ　レンガごて
　　　ニ　こやすけ

6　ネットワーク工程表の特徴に関する記述として、誤っているものはどれか。
　　　イ　工種の多い、大規模な公園工事に向いている。
　　　ロ　矢線の長短は、工期の長短を表している。
　　　ハ　各工種ごとの関連性が分かりやすい。
　　　ニ　工期の遅れの対処がしやすい。

7　細い竹を編んで作る垣根はどれか。
　　　イ　四つ目垣
　　　ロ　沼津垣
　　　ハ　建仁寺垣
　　　ニ　みの垣

［B群(多肢択一法)］

8　石積みの施工順序として、適切なものはどれか。
　　　イ　床掘り　→　丁張り　　　→　割栗地業　→　石積
　　　ロ　床掘り　→　割栗地業　→　丁張り　　　→　石積
　　　ハ　丁張り　→　床掘り　　　→　割栗地業　→　石積
　　　ニ　丁張り　→　割栗地業　→　床掘り　　　→　石積

9　石畳などの目地として、望ましいものはどれか。
　　　イ　通し目地
　　　ロ　Y字目地
　　　ハ　八つ巻き
　　　ニ　四つ目地

10　クスノキの掘り取りの方法として、最も適しているものはどれか。
　　　イ　凍土法
　　　ロ　土付け法
　　　ハ　さぐり掘り
　　　ニ　振るい掘り

11　剪定の切り戻し(切り返し)作業において、最も適切な切り方はどれか。
　　　イ　芽の位置に関係なく切る。
　　　ロ　外芽の先で切る。
　　　ハ　内芽の先で切る。
　　　ニ　芽の上を長めに残して切る。

12　街路樹の冬期剪定に関する記述として、誤っているものはどれか。
　　　イ　イチョウは、樹冠が円錐形になるように剪定するのが基本である。
　　　ロ　ヤナギは、車道の枝の下端が地上から2mになるように残すとよい。
　　　ハ　エンジュは、卵型の樹型を損なわないように剪定する。
　　　ニ　ケヤキは、素直に伸びる枝を生かすため、枝抜き剪定が主体となる。

13　次のうち、原則として、禁止されている玉掛けの方法はどれか。
　　　イ　目通し1本づり
　　　ロ　目通し2本づり
　　　ハ　2点づり
　　　ニ　あだ巻きづり

14 コンクリート打設に関する記述として、誤っているものはどれか。
　　イ　コンクリートの流動性を良くするため、打設前に水を加えるとよい。
　　ロ　コンクリートを打ち込む際に使用するバイブレータ(振動機)は、型枠に接触させないように使用するのがよい。
　　ハ　夏期のコンクリート打ち込み後の養生は、一般に、湿気を与えるとよい。
　　ニ　冬期のコンクリート打ち込み後の養生は、日中温度4℃以下のときは、打込み後24時間は10℃以上になるように配慮する。

15 舗装の特性に関する記述として、誤っているものはどれか。
　　イ　アンツーカー舗装は、色彩が美しく、雨に対して比較的強い。
　　ロ　クレイ舗装は、降雨後乾きが早くほこりが立たない。
　　ハ　芝生は、ほこりが立ちにくく危険性が少ないが、周年利用には難点がある。
　　ニ　全天候型舗装は、ほこりが立ちにくく、天候にほとんど影響されない。

16 ほふく茎で繁殖する芝はどれか。
　　イ　ティフトン
　　ロ　ベントグラス
　　ハ　ライグラス
　　ニ　ブルーグラス

17 ハナミズキに関する記述として、正しいものはどれか。
　　イ　常緑広葉樹で、秋にピンクや白の花が咲く。
　　ロ　落葉針葉樹で、防火樹として適している。
　　ハ　落葉広葉樹で、春にピンクや白の花が咲く。
　　ニ　落葉広葉樹で、陰樹である。

18 黒穂又は胡麻穂と呼ばれるものはどれか。
　　イ　ヤダケの枝
　　ロ　マダケの枝
　　ハ　クロチクの枝
　　ニ　ハチクの枝

19 飛石に使用する石材に関する記述として、適切でないものはどれか。
　　イ　上面が平らで歩行しやすいものがよい。
　　ロ　花崗岩や安山岩が多く使用されている。
　　ハ　大きさは、直径が30〜50cmが一般的である。
　　ニ　形状が丸に近ければ、厚さ2cmのものを使用してもよい。

［B群(多肢択一法)］

20　湿地に強い樹木はどれか。
　　　イ　ラクウショウ
　　　ロ　アカマツ
　　　ハ　ツガ
　　　ニ　クロマツ

21　図面に用いる略記号と記号が表すものの組合せとして、誤っているものはどれか。
　　　　（略記号)　　　（記号が表すもの)
　　　イ　＃　　　　　　番手
　　　ロ　GP　　　　　ガス管
　　　ハ　t　　　　　　厚み
　　　ニ　WL　　　　　重量

22　造園における平面図の描き方として、誤っているものはどれか。
　　　イ　主庭が南向きの場合は、南を上に描くことがある。
　　　ロ　平面図には、庭石までは表現しない。
　　　ハ　樹木の名前を書くとよい。
　　　ニ　樹高を書くとよい。

23　測量用語でないものはどれか。
　　　イ　フォア・サイト
　　　ロ　ベンチ・マーク
　　　ハ　バック・サイト
　　　ニ　オーバーフロー

24　都市公園法関係法令によれば、都市公園の規模の基準として、誤っているものはどれか。
　　　イ　主として街区内に居住する者の利用に供することを目的とする都市公園の敷地面積は、0.25haを標準とする。
　　　ロ　主として近隣に居住する者の利用に供することを目的とする都市公園の敷地面積は、2haを標準とする。
　　　ハ　主として徒歩圏域内に居住する者の利用に供することを目的とする都市公園の敷地面積は、4haを標準とする。
　　　ニ　主として一の市町村の区域内に居住する者の総合的な利用に供することを目的とする都市公園の敷地面積は、10haを標準とする。

25 文中の(   )内に当てはまる数値として、正しいものはどれか。

   労働安全衛生法関係法令によれば、油圧式伐倒機を使用するときを除き、伐倒し
ようとする立木の胸高直径が40cm以上であるときは、伐根直径の(   )分の1以上
の深さの受け口をつくることと規定されている。

   イ   4
   ロ   5
   ハ   6
   ニ   7

造園

正解表

平成31年度 2級 学科試験正解表
造園（造園工事作業）

真偽法

番号	1	2	3	4	5
正解	X	X	○	X	X

番号	6	7	8	9	10
正解	○	○	X	X	○

番号	11	12	13	14	15
正解	X	○	X	○	X

番号	16	17	18	19	20
正解	X	○	○	X	○

番号	21	22	23	24	25
正解	X	○	○	○	○

択一法

番号	1	2	3	4	5
正解	ハ	ロ	ハ	ニ	ロ

番号	6	7	8	9	10
正解	イ	ロ	イ	ロ	ニ

番号	11	12	13	14	15
正解	ロ	ニ	イ	イ	ニ

番号	16	17	18	19	20
正解	ロ	イ	ハ	イ	ロ

番号	21	22	23	24	25
正解	ロ	イ	ロ	ハ	ニ

平成30年度 2級 学科試験正解表
造園（造園工事作業）

真偽法

番号	1	2	3	4	5
解答	○	X	X	○	X

番号	6	7	8	9	10
解答	X	X	X	X	X

番号	11	12	13	14	15
解答	○	○	X	○	○

番号	16	17	18	19	20
解答	○	○	X	X	○

番号	21	22	23	24	
解答	X	○	X	○	

択一法

番号	1	2	3	4	5
解答	ハ	ハ	ロ	イ	ロ

番号	6	7	8	9	10
解答	ニ	ハ	ロ	イ	ロ

番号	11	12	13	14	15
解答	イ	ハ	ハ	ロ	ニ

番号	16	17	18	19	20
解答	ニ	ニ	イ	イ	ニ

番号	21	22	23	24	25
解答	ニ	イ	ハ	ロ	ニ

平成29年度　2級　学科試験正解表
造園（造園工事作業）

真偽法

番号	1	2	3	4	5
解答	X	X	○	○	○

番号	6	7	8	9	10
解答	○	X	X	X	○

番号	11	12	13	14	15
解答	X	X	○	○	X

番号	16	17	18	19	20
解答	X	○	X	X	○

番号	21	22	23	24	25
解答	○	X	○	○	○

択一法

番号	1	2	3	4	5
解答	ニ	ハ	ハ	ハ	ニ

番号	6	7	8	9	10
解答	イ	イ	ハ	ロ	ロ

番号	11	12	13	14	15
解答	ハ	ハ	ニ	ニ	イ

番号	16	17	18	19	20
解答	ロ	ロ	ハ	ニ	ロ

番号	21	22	23	24	25
解答	ハ	ロ	イ	イ	イ

平成 31 年度　1 級　学科試験正解表
造園（造園工事作業）

真偽法

番号	1	2	3	4	5
正解	○	×	×	×	○

番号	6	7	8	9	10
正解	×	×	×	○	○

番号	11	12	13	14	15
正解	○	×	○	○	○

番号	16	17	18	19	20
正解	○	○	○	×	○

番号	21	22	23	24	25
正解	○	×	×	○	○

択一法

番号	1	2	3	4	5
正解	ハ	ハ	ハ	ニ	ロ

番号	6	7	8	9	10
正解	ニ	ニ	イ	イ	ニ

番号	11	12	13	14	15
正解	ニ	ロ	ロ	イ	ハ

番号	16	17	18	19	20
正解	イ	ハ	ロ	ハ	ロ

番号	21	22	23	24	25
正解	ロ	ロ	ニ	ロ	イ

平成 30 年度　1 級　学科試験正解表
造園（造園工事作業）

真偽法

番号	1	2	3	4	5
解答	×	○	×	×	○

番号	6	7	8	9	10
解答	×	○	○	×	○

番号	11	12	13	14	15
解答	×	○	×	○	○

番号	16	17	18	19	20
解答	×	×	×	○	○

番号	21	22	23	24	25
解答	○	○	×	○	×

択一法

番号	1	2	3	4	5
解答	ロ	イ	ハ	ニ	ニ

番号	6	7	8	9	10
解答	ハ	ロ	ニ	イ	ロ

番号	11	12	13	14	15
解答	ロ	イ	ニ	イ	イ

番号	16	17	18	19	20
解答	ハ	ハ	イ	ハ	ロ

番号	21	22	23	24	25
解答	ハ	ニ	ロ	ニ	ロ

平成29年度　1級　学科試験正解表
造園（造園工事作業）

真偽法

番号	1	2	3	4	5
解答	X	X	〇	〇	〇

番号	6	7	8	9	10
解答	〇	X	X	〇	〇

番号	11	12	13	14	15
解答	〇	〇	〇	X	X

番号	16	17	18	19	20
解答	〇	〇	〇	X	X

番号	21	22	23	24	25
解答	〇	〇	X	X	〇

択一法

番号	1	2	3	4	5
解答	イ	ロ	ニ	ニ	ニ

番号	6	7	8	9	10
解答	ロ	ロ	ハ	ロ	ロ

番号	11	12	13	14	15
解答	ロ	ロ	イ	イ	ロ

番号	16	17	18	19	20
解答	イ	ハ	ハ	ニ	イ

番号	21	22	23	24	25
解答	ニ	ロ	ニ	ニ	イ

・本書掲載の試験問題及び解答の内容につい
てのお問い合わせ等には、一切応じられま
せんのでご了承ください。
・試験問題について、都合により一部、編集
しているものがあります。

平成 29・30・31 年度

1・2級 技能検定　試験問題集　63　造園

令和 2 年 6 月　初版発行

監　修　中央職業能力開発協会

発　行　一般社団法人 雇用問題研究会

　　　　〒103-0002　東京都中央区日本橋馬喰町1-14-5 日本橋Kビル2階
　　　　TEL　03-5651-7071（代）　FAX　03-5651-7077
　　　　URL　http://www.koyoerc.or.jp

印　刷　株式会社ワイズ

223063

ISBN978-4-87563-662-5 C3000